Shabby Charme im Garten

Ideen zum Selbermachen

TANJA KOSUB
FOTOS: RAFAEL PRANSCHKE

Inhalt

Vorwort

An dieser unachtsam auf die Straße gestellten Kommode konnte ich einfach nicht vorbeifahren.
In meinen Gedanken sah ich schon die kleinen Füße pink koloriert,
die Schublade leuchtend grün gestrichen, kombiniert mit einem weichen Cremeton.
Die Beschläge ausgetauscht, das Innere charmant tapeziert …

Es war wie ein Sog, ich musste das kleine Ding einfach in den Kofferraum meines Autos laden. So fing alles an – meine Sammelleidenschaft für die vermeintlich ungeliebten Gegenstände. Möbel liefen mir regelrecht zu und ich konnte kein schönes Stück zurückweisen. Ob vom Sperrmüll, vom Speicher meiner Verwandten oder Umzugswaisen von Freunden. Die Stellflächen in Garage und Jugendzimmer waren bald ausgereizt. Meine Eltern schlugen die Hände über dem Kopf zusammen. Ich aber freute mich über meine gefundenen Schätze. Als ich dann endlich in meine eigenen vier Wände umsiedelte, machten meine Eltern drei Kreuze und ich mich daran, die Kostbarkeiten ernsthaft aufzuarbeiten. Mein Blick für die schönen Dinge war geschärft, Techniken zur Gestaltung der kleinen Unikate schnell erlernt – seinen individuellen Stil zu finden dagegen brauchte ein wenig Zeit.

Letztendlich zeichnet sich mein Shabby-Charme-Look durch ein kräftiges Kolorit und einen Mix traditioneller Materialien und genreübergreifender Stilrichtungen aus. Es müssen nicht immer der antike Stuhl vom Flohmarkt oder Omas Nachttischchen sein, es dürfen auch die »normalen« Einrichtungsgegenstände zum Lieblingsstück im Shabby Style avancieren. Lassen Sie sich von mir ermutigen, lebhafte Farben in Ihr Leben zu integrieren und ungewohnte Dekors zu kombinieren – und warum nicht einfach diese Wohnideen ins Freie adaptieren?

Wie viel schöner sind die Sonnenstunden und lauen Sommernächte, wenn sie im individuell gestalteten Garten, auf der Terrasse oder dem Balkon gelebt werden? Kleine Hingucker und liebevoll gestaltete Ecken verleiten zum Träumen, Arbeiten, Klönen und Feiern. Bunte Gewächse werden in Alltagsgegenstände verpflanzt und

Gebrauchsgegenstände werden gärtnerisch interpretiert. Mit diesem Buch möchte ich Ihnen eine Fülle von Inspirationen an die Hand geben. Ihrer eigenen Kreativität sind jedoch keine Grenzen gesetzt. Halten Sie Ihre Augen offen, spielen Sie mit den Möglichkeiten und freuen Sie sich über Ihre blühende Fantasie.

Ich wünsche Ihnen fröhliche und genussvolle Stunden unter freiem Himmel!

Tanja Kas-b

Links: Nicht nur Blumen bringen Farbe in den Garten! Also ran an den Pinsel und das Schleifpapier nicht vergessen – für den echten Shabby-Charme-Look.

Grundtechniken

Es gibt vielfältige Möglichkeiten, Werkstoffe zu verarbeiten. Jeder (Hobby-)Gestalter findet seinen individuellen Weg und probiert im Laufe der Zeit verschiedene Methoden aus. Fertigkeiten werden ergänzt, Verfahren verfeinert oder auch mal verworfen …

Auf den folgenden Seiten stelle ich Ihnen die Grundtechniken vor, die ich für das Umarbeiten der in diesem Buch dargestellten Möbel und Accessoires verwende. Zudem teile ich kleine Tricks und Kniffe mit Ihnen.

Untergründe vorbehandeln

Bevor Sie Ihrer Fantasie freien Lauf lassen, sollte das Objekt unbedingt vorbehandelt werden. Dies ist eher eine Fleißarbeit, aber die Vorfreude, endlich mit dem Farbauftrag beginnen zu können, wächst dabei umso mehr. Egal ob antik oder fabrikneu, damit Sie Ihr Möbel oder Accessoire im Shabby-Charme-Look lange genießen können, behandeln Sie grundsätzlich alle Untergründe vor.

Holz

Prüfen Sie zunächst, wie die Oberfläche behandelt wurde. Ist sie gewachst oder lackiert? Diese Unterscheidung ist nicht immer ganz einfach. Wenn Sie sich nicht sicher sind, erwerben Sie im Fachhandel einen entsprechenden Wachsentferner und verreiben diesen mit einem weichen Lappen auf dem Holz. Verfärbt sich der Lappen, handelt es sich um eine gewachste Oberfläche. Bleibt er hell, ist die Fläche lackiert.

Gewachstes Holz
Tragen Sie den Wachsentferner großzügig mit Stahlwolle auf das Holz auf und schleifen Sie die Oberfläche ab, bis das Rohmaterial zum Vorschein kommt. Verrichten Sie diese Arbeit im Freien oder in einem sehr gut belüfteten Raum.

Lackiertes Holz

Dünn lackierte Oberflächen werden lediglich angeschliffen. Das heißt, der Untergrund muss nicht mehr als angeraut werden, bevor der neue Farbauftrag erfolgt. Das Schleifen per Hand meistern Sie bequem mit einem Schleifschwamm. Diese können zum Nass- und Trockenschliff verwendet werden und sind in verschiedenen Körnungen erhältlich. Beginnen Sie mit einer groben Körnung von 80–100 und schließen Sie mit einer feinen Körnung von 120–180 ab. Der Nassschliff gewährleistet zusätzlich eine feinere Oberfläche.

Für größere Flächen empfiehlt sich ein Deltaschleifer, mit dem Sie auch wunderbar kleine Ecken erreichen. Ein Schwingschleifer eignet sich für sehr große Flächen wie Tischplatten. Beachten Sie, dass Maschinen sehr viel mehr Material abtragen – starten Sie deshalb vorzugsweise mit einem feineren Papier. Kleine Verzierungen und Intarsien bearbeite ich mit einer kleinen Stahlbürste.

Um Massivholzmöbel von sehr dicken Lackschichten zu befreien, empfiehlt es sich, sie abzubeizen. Vorzugsweise gebe ich solche Möbel zum »Abbeizer meines Vertrau-

Unten: Damit Holzmöbel nicht so schnell verwittern, sollten Sie die Oberflächen immer mit einem Klarlack für den Außenbereich versiegeln.

ens«. Selbstverständlich können Sie diese Arbeit auch selbst in die Hand nehmen. Dazu tragen Sie das Abbeizmittel mit einem Pinsel auf die Holzoberfläche auf. Sobald sich der alte Lack kräuselt, ziehen Sie diesen mit einem Spachtel oder einer Ziehklinge ab. Arbeiten Sie abschnittsweise, und neutralisieren Sie die Fläche zum Abschluss mit Wasser. Schleifen Sie das Holz vor dem Anstrich leicht ab. Entfernen Sie den Schleifstaub prinzipiell sorgfältig mit einem Besen oder einem Pinsel.

Der kleine Holzwurm

Bei 97 % der Möbel mit sichtbaren Wurmschlupflöchern hat sich der kleine Bewohner schon längst verabschiedet. Sollte dennoch ein Holzwurm Ihr Kreativobjekt als Eigenheim auserkoren haben, gibt es eine wunderbare biologische Methode, dem Mietnomaden die Suppe zu versalzen. Der Holzwurm liebt es ruhig, kalt und feucht. Möbel in zentralbeheizten, belebten Räumen sind ihm zuwider. Stellen Sie Ihr Objekt daher einfach für einige Zeit in eine gut frequentierte und temperierte Umgebung. Es muss nicht gleich ein Kindergarten oder ein Saunabad sein, es reichen

Links und rechts: Manch einem ein Graus, für unsereins eine Herzensangelegenheit: Rost und Gebrauchsspuren versprühen Shabby Charme!

schon Ihre normalen Wohnräume. Dies wird dem Holzwurm gar nicht gefallen und er wird schleunigst die Koffer packen und das Weite suchen. Finden Sie am Morgen keine kleinen Sägehäufchen mehr – die Tierchen sind nachtaktiv –, dann war Ihre Kündigung erfolgreich. Hilft das Ganze nicht, bleibt leider nur noch die Chemie. Im Fachhandel finden Sie die entsprechenden Produkte samt Anleitung.

Metall

Gegenstände und Gitter aus Metall liebe ich angerostet und abgeblättert. Mögen Sie es lieber ordentlicher, entfernen Sie zunächst die rostigen Stellen. Dies gelingt am besten mit einer Drahtbürste. Anschließend rauen Sie die Oberfläche mit einem groben Schleifpapier an und wischen den entstandenen Staub sorgfältig ab. Nun behandeln Sie die Oberfläche mit Antirostgrund.

Terrakotta

Bei Terrakotta handelt es sich um einen offenporigen Werkstoff, der sich beim Gießen mit Wasser vollsaugt. Farbanstriche blättern nach einiger Zeit durch die Feuchtigkeit ab. Ich persönlich mag das sehr gerne und streiche im Frühjahr meine Töpfe einfach nur grob über. Im Lauf der Jahre entsteht so eine wunderschöne Patina. Sie haben aber auch die Möglichkeit, die Topfinnenwände vor dem Bepflanzen bis zur Sättigung mit einem Speiseöl zu bestreichen. Dann erst verarbeiten Sie den Topf weiter. Das Öl versiegelt die Poren – allerdings nicht bis in alle Ewigkeit! Bei der nächsten Bepflanzung daher das Ganze einfach wiederholen.

Jetzt kommt Farbe ins Spiel – der Farbauftrag

Materialien, die der Witterung ausgesetzt sind, altern schneller und weisen zügiger Verschleißspuren auf. Das macht den Shabby Style schließlich aus! Trotz allem möchten Sie natürlich möglichst lange etwas von Ihren Stücken haben. Deswegen empfiehlt es sich, ihre Oberflächen entsprechend zu behandeln, sie bestenfalls bei Regenschauern abzudecken und im Winter überdacht unterzustellen.

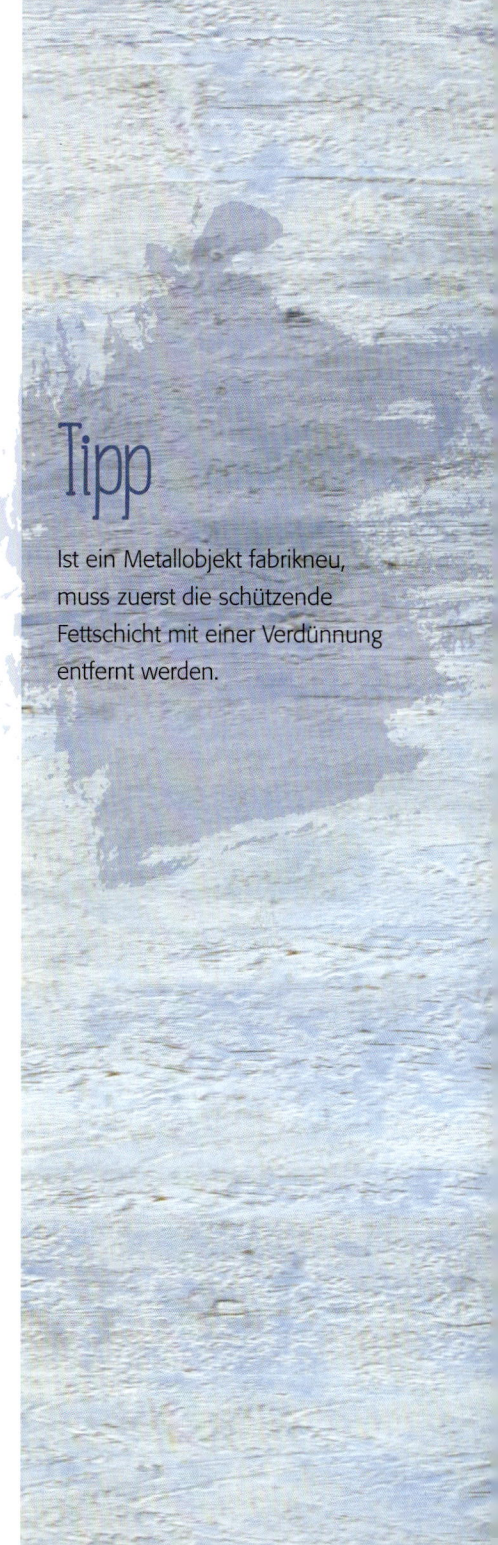

Tipp

Ist ein Metallobjekt fabrikneu, muss zuerst die schützende Fettschicht mit einer Verdünnung entfernt werden.

11

Tipp

Beim Vorstreichen von Kanten und Winkeln sollten Sie die Farbe nicht ganz trocknen lassen, ehe Sie mit dem Streichen der größeren Flächen beginnen.

Holzschutzgrund

Bevor Sie nun mit dem Lackauftrag beginnen, empfiehlt es sich, das Objekt mit einem Holzschutzgrund vorzubehandeln. Diese Spezialgrundierung zur Vorbehandlung von Holz im Freien schützt vor dem Befall von Bläue und Fäulnis. Verwenden Sie das Produkt nach Herstellerangabe. Da sich die Holzfasern durch die Feuchtigkeit wieder aufstellen, sollten Sie die Oberflächen unbedingt nach dem Trocknen wieder anschleifen.

Lackieren

Ich persönlich bevorzuge Acryllacke auf Wasserbasis. Diese können Sie wunderbar untereinander oder mit Abtönfarben mischen. Tragen Sie die Farbe mit einem Flachpinsel in Maserrichtung auf, für größere Flächen verwenden Sie eine Lackrolle. Pinsel oder Rolle führen Sie federleicht über die Oberfläche. So wird verhindert, dass sich Bläschen und Streifen bilden. Ist die Farbe zu dickflüssig, mischen Sie einfach etwas Wasser bei.

Achten Sie darauf, jede einzelne Lackschicht gut trocknen zu lassen, bevor Sie Ihr Werkstück weiter bearbeiten oder neue Schichten auftragen. Wenn es fertig designt ist, geben Sie ihm einen schützenden Schlussanstrich, und zwar mit einem Klarlack, der auch für den Außenbereich tauglich ist.

Farben selbst mischen

Sämtliche Farbtöne können Sie wunderbar selbst anmischen. Das bietet den Vorteil, dass Sie wirklich nur die Menge eines Tones herstellen, die Sie auch benötigen. Das spart Geld, Platz und vor allem Zeit. Acryllacke auf Wasserbasis können zudem mit Künstleracrylfarben oder Abtönfarben gemischt werden. Sie benötigen die Grundfarben Blau, Rot und Gelb, zusätzlich Weiß und Schwarz zum Abtönen. Beginnen Sie grundsätzlich mit dem hellsten Farbton.

- Blau und Gelb ergibt Grün
- Blau und Rot ergibt Violett
- Rot und Gelb ergibt Orange
- Pastelltöne erhalten Sie mit Weiß, gemischt mit der gewünschten Farbe. Ein zusätzlicher Tropfen schwarz intensiviert den Farbton. Möchten Sie zum Beispiel einen zarten Minzton herstellen, beginnen Sie mit dem Grundton Weiß. Nun rühren Sie ein Zitronengelb bei, es folgt ein Tröpfchen Blau.

Beizen

Beizen dient zum Färben von Holz. Die natürlichen Strukturen werden erhalten, die Maserung bleibt sichtbar. Beize schützt das Holz allerdings nicht vor Schimmel oder Feuchtigkeit, weshalb eine abschließende Versiegelung empfehlenswert ist. Schütteln Sie die Beize vor Gebrauch gut durch. Tragen Sie diese dann in dem gewünschten Farbton flächig in Maserrichtung mit einem Flachpinsel auf. Die überschüssige Beize wischen Sie ebenfalls in Maserrichtung mit einem weichen, fusselfreien Tuch ab. Bevor Sie Ihr Werkstück versiegeln, schleifen Sie die Oberfläche glatt.

Metall anstreichen

Ihr Objekt ist entrostet, angeschliffen und grundiert. Nun haben Sie die Möglichkeit, einen Kunstharz- oder Acryllack aufzutragen. Abschließend bietet sich der Auftrag eines transparenten Metallschutzes an. Lassen Sie sich im Fachhandel zu einer aufeinander abgestimmten Produktkombination beraten.

Terrakotta Farbe geben

Bei diesem Material können sie zwischen Acryllacken oder Abtönfarben wählen. Besonders gut eignen sich die Farben Patio Paint, die speziell für den Außenbereich entwickelt worden sind. Sie sind wasserfest sowie lichtbeständig. Die fertigen Objekte werden abschließend mit dem dazugehörigen Glanzlack bestrichen.

Links: Experimentieren Sie mit den Mischungsverhältnissen – und es eröffnet sich Ihnen eine überraschende Farbvielfalt.

13

Dekortechniken

Serviettentechnik

Diese Kreativtechnik eignet sich für alle denkbaren Gegenstände und Materialien. Für meine Ideen verwende ich meist Servietten mit hellgrundigen Motiven. Dadurch wirken diese wie auf die Objekte gemalt.

Belassen Sie die Serviette beim Ausschneiden oder Ausreißen in ihren 3 Lagen. Erst dann trennen Sie die bedruckte Lage vorsichtig ab. Die zu beklebende Fläche streichen Sie mit einem Serviettenkleber dünn ein. Legen Sie nun das Motiv auf und streichen es mit einem weichen Flachpinsel von innen nach außen glatt. Nach einer kurzen Trockenzeit bestreichen Sie das Motiv noch einmal mit dem Kleber. Für ein faltenfreies Ergebnis besteht die Möglichkeit, das gewünschte Stück Serviette mit einer statisch aufgeladenen Klarsichtfolie (z. B. einer Klarsichthülle) aufzunehmen und es dann vorsichtig auf die zuvor mit Kleber bestrichene Fläche zu legen. Von der Mitte nach außen wird das Ganze sorgfältig glattgestrichen, danach entfernen Sie die Folie behutsam. Zur Weiterbearbeitung lassen Sie den Kleber vollständig trocknen. Überstehendes Papier schneiden Sie vorsichtig mit einem scharfen Cutter ab. Dafür ziehen Sie die Klinge gleichmäßig in einer Richtung an der Werkstückkante entlang.

Découpage-Technik

Découpage kommt von dem französischen Wort »découper« und bedeutet übersetzt »ausschneiden«. Diese Technik ist eine jahrhundertealte Kunst, Papiermotive zu neuen Dekors zusammenzusetzen und damit Oberflächen zu bekleben. Mit dieser Technik gestalte ich Schranktüren, Stuhlsitzflächen und Schubladen. Wie für die Serviettentechnik benötigen Sie Kleber, Schere und Papier. Im Fachhandel erhalten Sie spezielle Découpagekleber und entsprechende Papiere, ich persönlich bevorzuge Tapeten und Kleister. Achten Sie beim Kaschieren von großen Holzflächen darauf, beide Seiten zu behandeln, damit sich nichts verzieht.

Flächen mit Stoff bespannen

Es kommt immer wieder vor, dass es eine Fläche neu zu bespannen gilt. Einfach zu verarbeiten sind Stoffe von fester Qualität wie Bezugsstoffe, Wachstuche und Planen. Unifarbene Stoffe verarbeiten sich unkomplizierter als solche mit Muster. Als Hilfsmittel benötigen Sie Schere, Handtacker, Tackerklammern in entsprechender Größe, Seitenschneider und Schlitzschraubendreher.

Schneiden Sie Ihren Stoff auf das gewünschte Plattenmaß zu – dabei sollten Sie unbedingt eine Zugabe von 5–10 cm zum Befestigen auf der Rückseite einkalkulieren. Legen Sie das Stück Stoff plan auf eine ebenmäßige Arbeitsfläche. Nun platzieren Sie Ihre Platte mittig auf den Stoff, ringsum stehen Ihre Stoffzugaben gleichmäßig über. Klappen Sie nun die Stoffzugabe auf der ersten Längsseite um und tackern Sie den Stoff auf die Rückseite der Platte fest – zuerst von der Mitte aus bis zum linken Seitenende, dann von der Mitte bis zum rechten Seitenende. Danach folgt die gegenüberliegende Längsseite in der gleichen Weise, dabei tackern Sie mit ein wenig Spannung auf.

Links: Wenn Stoffflächen stark abgenutzt sind, kann man sie mit nur wenigen Hilfsmitteln neu bespannen.

Es folgen die kurzen Seiten in der gleichen Vorgehensweise. Nur an den Ecken befestigen Sie den Stoff noch nicht ganz, denn hier benötigen Sie etwas Platz, um den überstehenden Stoff umzuschlagen! Am Ende legen Sie die Plattenecken fein säuberlich in eine Stofffalte und klappen diese plan ein. Mit zwei Tackerklammern befestigen Sie diese parallel zur Kante. Bei gemusterten Stoffen (z. B. mit Karos oder Streifen) ist es wichtig, einen gleichmäßigen Zug beim Antackern auszuüben, da sich ansonsten Wellenmuster einschleichen! Überprüfen Sie zwischendurch das Ergebnis, bevor Sie die Ecken befestigen.

Schablonieren

Holzflächen und Wände lassen sich wunderbar mithilfe einer Schablone bedrucken. Sie haben die Möglichkeit, fertige Schablonen im Bastelbedarf zu erwerben oder aber sich in einem Fachgeschäft ein selbst entworfenes Exemplar aus Klebefolie plotten zu lassen. Dies empfiehlt sich, falls Sie einen individuellen Text oder ein Logo aufdrucken möchten. Platzieren Sie Ihre Schablone auf den gewünschten

Tipp

Falls mal eine Klammer nicht richtig sitzen sollte, hebeln Sie diese mit dem Schraubendreher vorsichtig an und entfernen Sie mit dem Seitenschneider.

Rechts: Mit Schablone und Schablonierpinsel sind Vintage-Muster ein Klacks.

Untergrund und kleben Sie die Ränder Fest. Stellen Sie sich außerdem ein flaches Tellerchen mit ein wenig dickflüssiger Farbe bereit. Nun verwenden Sie einen von Ihnen selbst angefertigten Schablonierpinsel (siehe Anleitung). Bedecken Sie seine Borsten oberflächig mit etwas Farbe und tupfen Sie die überschüssige Farbe an einem Krepptuch ab. Nun klopfen Sie die Pinselspitze kraftvoll senkrecht auf die ausgesparten Teile der Schablone. Diese Methode garantiert gestochen scharfe Ränder und verhindert das Verlaufen der Farbe. Lassen Sie den Farbauftrag zwischendurch trocknen und klopfen Sie dann ein weiteres Mal darüber.

Herstellen eines Schablonierpinsels

Benötigt wird ein handelsüblicher Rundpinsel mit ca. 3 cm Durchmesser. Kleben Sie die Borsten am unteren Borstenrand auf der Höhe von 2 cm ganz fest zusammen. Schneiden Sie nun die Borsten mit einem scharfen Cutter bis auf 1 cm Länge herunter. Eventuell kleben Sie noch einmal fest nach. Dies ist eine Technik aus der Zeit, als es noch den Beruf des Plakatmalers gab.

Pinselsorten

Folgende Arten von Pinseln sollten Sie in Ihrem Heimwerkersortiment führen:

- **Großer Flachpinsel**
  Diese Pinsel eigenen sich aufgrund ihrer Form sehr gut für große Flächen.
- **Kleiner Flachpinsel**
  Diese eignen sich besonders für die Serviettentechnik und für das Streichen kleiner Flächen.
- **Rundpinsel**
  Als Rundpinsel bezeichnet man Pinsel mit einem runden Kopf. Sie sind bestens für kleine und unebene Flächen geeignet und werden sowohl für Maler- als auch für Lackierarbeiten genutzt.
- **Schablonierpinsel**
  Sie haben besonders kurze Borsten und werden aus einem Rundpinsel gebastelt (siehe Anleitung).

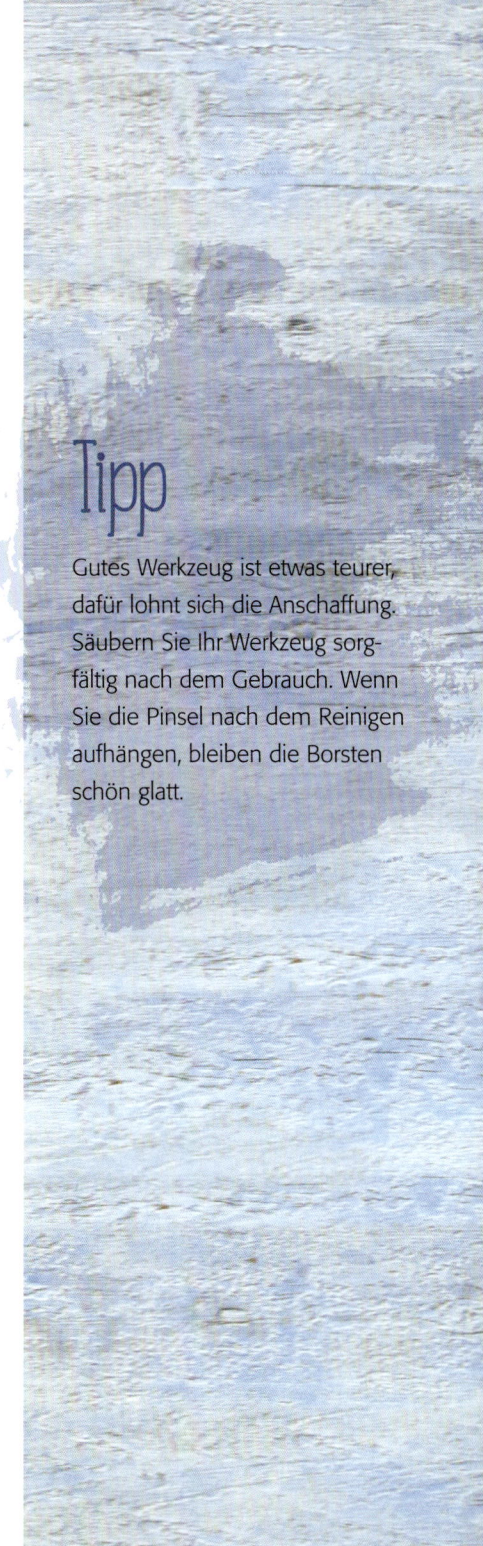

Tipp

Gutes Werkzeug ist etwas teurer, dafür lohnt sich die Anschaffung. Säubern Sie Ihr Werkzeug sorgfältig nach dem Gebrauch. Wenn Sie die Pinsel nach dem Reinigen aufhängen, bleiben die Borsten schön glatt.

Textilien bekleben und bedrucken

Auch Stoffe können Sie mit der Serviettentechnik wie zuvor beschrieben verzieren. Verwenden Sie hierfür lediglich ein Textil-Medium. Nach dem vollständigen Trocknen fixieren Sie das Motiv durch Bügeln laut Herstellerangabe.

Wenn Sie Textilien bedrucken möchten, haben Sie die Möglichkeit, mit einer Textil-folie zu arbeiten. Die Vorlage wird auf die Textilfolie ausgedruckt, dabei müssen Bild und Text seitenverkehrt sein. Beim Ausschneiden belassen Sie einen schmalen Rand um Ihr Motiv. Zu guter Letzt bügeln Sie das Ganze mit Druck auf, das Bügeleisen wird dafür auf Baumwoll-Temperatur gestellt. Den Stoff einige Minuten lang abkühlen lassen, dann die Abdeckfolie entfernen.

Eine weitere Möglichkeit Textilien zu bedrucken, bieten vorgefertigte Siebdruckschab-lonen. Diese legen Sie glatt auf Ihren Stoff und bringen dann die Textilfarbe mit einer Rakel auf. Fixieren Sie die Farbe nach dem Trocknen mit dem Bügeleisen.

Highlights

Sogenannte Highlights setze ich sehr gerne mit einem 3-D-Liner oder einer Kontu-renfarbe für Seidenmalerei. Diese fantastischen Tübchen und Stifte gibt es in allen erdenklichen Farben und Glitzertönen. Man kann mit ihnen wunderbar Ornamente zeichnen, kleine Pünktchen und Schriften malen oder einfach noch einmal ein Mus-ter nachziehen. Auf Holz verwendet wird das Ganze nach dem Trocknen mit Klarlack versiegelt, Textilien werden zum Fixieren gebügelt.

Bepflanzung

Bepflanzt werden können jegliche Gegenstände und Behältnisse. Gewährleisten Sie lediglich, dass das Wasser gut ablaufen kann. Mit Ausnahme von Wasser- und Sumpfpflanzen lieben die meisten Gewächse einen eher maßvoll gewässerten Erdboden. Bei überdachten Stellplätzen reicht es notfalls aus, darauf zu achten, die Pflanzen nicht zu übergießen, sodass keine Staunässe entsteht.

Wenn Ihr Pflanzgefäß keine Löcher im Boden aufweist, haben Sie die Möglichkeit, diese mit einem Bohrer zu ergänzen oder mit einem Dorn mehrere Löcher in den Objektboden zu stoßen. Bevor Sie die Blumenerde einfüllen, decken Sie die Löcher mit einigen Tonscherben oder ein paar Kieseln locker ab – so können sie nicht verstopfen und ein guter Wasserablauf ist garantiert. Blähton-Granulat eignet sich besonders gut als Dränage. Bei einigen Behältnissen empfiehlt es sich, sie zuvor mit einer leichten Teichfolie auszuschlagen, auch hier die Löcher nicht vergessen.

Damit Sie lange Freude an Ihrer kleinen Oase haben, überlegen Sie zuvor sorgfältig, welche Pflanze an welchen Standort passt. Nicht jede Pflanze verträgt pralle Sonne oder vollen Schatten. Um die optimale Blumenerde für Ihre Schützlinge zu finden, ist eine Beratung im Fachhandel ratsam.

Links: Pflanztöpfe mit Patina – das Tüpfelchen auf dem i im Shabby-Charme-Garten.

Bunte Eintöpfe

Ideen für Garten-, Terrassen- und Balkonecken aller Art.
Hier wird alles bepflanzt, was als herzlicher Gastgeber
für Ihre blühende Fantasie dienen kann.

Blumenkoffer & Stuhl

Ich packe meinen Koffer und nehme mit … Natürlich alles, was blüht!
Ob Sonnenanbeter oder Schattenpflanze, für dieses Schmuckstück mit
passendem Stuhl findet sich in jedem Garten ein Plätzchen.

Sitz- und Rückenfläche

1_ Schrauben Sie die Holzbretter vom Metallgestell ab und legen Sie diese plan
und in der richtigen Reihenfolge auf einer Unterlage aus.

2_ Nun werden die Bretter mit Schleifpapier angeschliffen und mit Holzschutzgrund
vorbehandelt. Nach dem Trocknen erfolgt der Zwischenschliff.

3_ Tragen Sie mit einem Flachpinsel die erste Schicht Acryllack im Farbton Brom-
beere auf und lassen Sie diese gut trocknen. Der zweite Anstrich folgt ganzflächig mit weißer Abtönfarbe. Nach der Trockenzeit können Sie die weiße Abtönfarbe nach Geschmack abschleifen, um dem Holz Shabby Charme zu verleihen.

4_ Kleben Sie nun Ihr Serviettenmuster wie in den Grundtechniken beschrieben
auf die gewünschten Stellen auf. Nach der entsprechenden Trockenzeit haben
Sie die Möglichkeit, die Serviettenkanten und -flächen vorsichtig anzuschleifen.

5_ Zum Abschluss tragen Sie sorgfältig Klarlack für den Außenbereich auf.

Metallgestell

1_ Entfetten Sie das Metall mit etwas Glasreiniger oder Nitroverdünnung und schleifen Sie es an. Nun wird mit einem Rundpinsel weißer Metalllack aufgetragen.

2_ Lassen Sie das Gestellt sehr gut trocknen. Danach werden die Holzleisten wieder
in der richtigen Reihenfolge auf das Gestell geschraubt.

Bepflanzter Koffer

1_ Bohren Sie einige Löcher als Abfluss in den Kofferboden und decken Sie diese
mit Tonscherben ab. Zusätzlich wird der Kofferboden mit Dränagematerial bedeckt. Nun kann die Blumenerde eingefüllt und der Koffer bepflanzt werden.

Material

Für den Stuhl
- Klappstuhl aus Metall und Holz
- Schraubenzieher
- Schleifpapier
- Holzschutzgrund
- Flachpinsel
- Acryllack, brombeerfarben
- Abtönfarbe, weiß
- Servietten
- Serviettenkleber
- Kleiner Flachpinsel
- Schere
- Cutter
- Klarlack für den Außenbereich
- Lackrolle
- Lackwanne
- Glasreiniger oder Nitroverdünnung
- Rundpinsel
- Metalllack, weiß

Für den Koffer
- Koffer aus Metall
- Metallbohrer
- Tonscherben
- Blähton o. Ä.
- Blumenerde
- Pflanzen

Pflanzkisten

Früher beherbergten diese wunderschönen Kisten Wein und Obst,
nun fühlen sich Ihre Blumen darin zu Hause.

Material

Für die Kisten

- Wein- und Obstkisten
- Holzschutzgrund
- Flachpinsel
- Schleifpapier
- Klarlack
- Lackwanne
- Wachstuch
- Schere
- Handtacker

Für die Bepflanzung

- Teichfolie
- Handtacker
- Kiesel oder Blähton
- Blumenerde
- Pflanzen

Kisten

1_ Die Kisten werden abgebürstet und gereinigt. Dann wird der Holzschutzgrund mit einem Flachpinsel auf die inneren und äußeren Holzflächen aufgetragen.

2_ Schleifen Sie das vorbehandelte Holz grob an und lackieren Sie die Innen- und Außenflächen mit Klarlack.

3_ Schneiden Sie das Wachstuch zu, sodass es die Seitenwände der Kisten ringsum von innen verdeckt. Tackern Sie die Tuchbahnen vorsichtig an die Innenflächen der Holzkisten.

Bepflanzung

1_ Schneiden Sie die Teichfolie zu und schlagen Sie die Kisten damit komplett von innen aus. Zur Befestigung wird die Folie am inneren Kistenrand festgetackert.

2_ Damit das Gießwasser ablaufen kann, schneiden Sie ein paar Schlitze in den Boden aus Teichfolie. Abschließend wird er mit Kieseln oder anderem Dränagematerial bedeckt und die Kisten bepflanzt.

Tipp

Schneiden Sie das Wachstuch in schmale Streifen, die lediglich die Kistenschlitze von innen kaschieren. So sparen Sie Material. Ein Ensemble aus mehreren Kisten erhält durch dekorative alte Gartenwerkzeuge Shabby Charme.

Sortierte Sukkulenten

Bei diesem Pflanzenarrangement im Nostalgie-Look ist Schubladendenken ausnahmsweise erwünscht!

Schubladen

1_ Die Schubladen werden abgebürstet und gereinigt. Anschließend kann das Holzschutzmittel innen und außen aufgetragen werden.

2_ Nach dem üblichen Zwischenschliff werden die Innen- und Außenflächen sorgfältig klar lackiert.

Falls Sie keine alten Schubladen finden, gilt: Aus Alt mach Neu! Für die gewünschte Shabby-Optik sorgt Antikbeize (Anleitung Seite 13). Schöne Möbelknöpfe verleihen dem Ganzen eine persönliche Note.

Bepflanzung

1_ Bedecken Sie die Schubladenböden mit Kieseln oder anderem Dränagematerial. Dann kann die Blumenerde bis zum Rand eingefüllt werden.

2_ Arrangieren Sie die Schubladen, sodass sie stabil stehen und setzen Sie die Sukkulenten in die Erde ein. Abschließend decken Sie den Erdboden mit kleinen Kieselsteinen ab.

Material

Für die Schubladen

- Schubladen
- Wurzelbürste
- Holzschutzmittel
- Flachpinsel und Lackierrolle
- Lackwanne
- Schleifpapier
- Klarlack
- eventuell Antikbeize und Möbelknöpfe

Für die Bepflanzung

- Kiesel
- Blumenerde
- Pflanzen

Tipp Sukkulenten sind wasserspeichernde Pflanzen und lieben ein sonniges Klima und sandigen Boden. Falls Ihr Arrangement öfter dem Regen ausgesetzt ist, sorgen Sie mithilfe von Löchern im Schubladenboden für einen guten Wasserabfluss.

Tonleiter

Ob auf dem Balkon oder im Garten – dieser kleine aufstrebende Kräutergarten findet in jedem Winkel einen Platz zum Wachsen.

Leiter

1_ Die Leiter wird angeschliffen und mit Holzschutzgrund vorbehandelt. Nach dem Zwischenschliff tragen Sie die erste Schicht weißen Acryllack in Maserrichtung auf und lassen diese gut trocknen.

2_ Die Kanten erhalten einen zweiten Anstrich mit einem anderen Farbton. Lassen Sie auch diese Schicht vollständig trocknen. Um den gewünschten Shabby-Effekt zu erzielen, schleifen Sie die zweite Farbschicht anschließend an einigen Stellen ab, sodass die darunterliegende Farbe durchblitzt.

3_ Geben Sie nun den Treppenstufen mithilfe der Serviettentechnik (wie auf Seite 14 beschrieben) individuelle Muster. Nach der entsprechenden Trockenzeit haben Sie die Möglichkeit, die Serviettenkanten und -flächen vorsichtig anzuschleifen. Abschließend versiegeln Sie die Leiter sorgfältig mit einem Klarlack für den Außenbereich.

Tontöpfe

1_ Streichen Sie die Topfaußenseiten mit farbiger Patio Paint und lassen Sie alles gut trocknen.

2_ Setzen Sie stellenweise mit weißer Farbe satte Akzente. Nach dem Trocknen schleifen Sie die oberste Schicht partiell ab. Diesen Vorgang wiederholen Sie, bis die Töpfe echten Shabby Charme ausstrahlen. Erst dann bepflanzen Sie die Töpfe mit Kräutern.

Tipp

Lassen Sie Ihre Töpfe innen unbehandelt und freuen Sie sich über einen natürlichen Shabby-Look. Dieser benötigt allerding etwas Zeit.

Material

Für die Leiter
- Schleifpapier
- Holzschutzgrund
- Flachpinsel
- Acryllack, weiß
- Servietten
- Serviettenkleber
- Kleiner Flachpinsel
- Schere und Cutter
- Klarlack
- Lackrolle
- Lackwanne

Für die Tontöpfe
- Pinsel
- 2 × Patio Paint, weiß und in Farbe
- Blumenerde
- Kräuter

Zaungäste

Bei dieser bunten Wand werden Ihre Nachbarn vor Neid erblassen…
Sie bietet Ihren Pflanztöpfen ein neues Zuhause.

Material

Für die Zaunwand

- Alte Bretter
- Stichsäge
- Holzschutzgrund
- Lackrolle
- Lackwanne
- Dachlatten
- Akkuschrauber
- Schrauben
- Schleifpapier
- Acryllack, türkisfarben
- Abtönfarbe, weiß
- Flachpinsel
- Klarlack
- Möbelknöpfe

Für die Bepflanzung

- Zinneimer
- Bohrer
- Blähton
- Blumenerde
- Pflanzen

Zaunwand

1_ Sägen Sie alte Holzbretter in unterschiedliche Längen zu und tragen Sie mit einer Lackrolle den Holzschutzgrund auf.

2_ Schrauben Sie die Bretter auf zwei Dachlatten und schleifen Sie das Holz ab. Nun kann die erste Schicht türkisfarbener Acryllack mit der Rolle aufgetragen werden, die Farbe gut trocknen lassen.

3_ Bepinseln Sie nun kleine Abschnitte dünn mit weißer Abtönfarbe. Nach dem Trocknen wird diese an manchen Stellen ganz nach Ihrem Geschmack abgeschliffen. Es folgt ein sorgfältiger Abschlussanstrich mit Klarlack für den Außenbereich.

4_ Bohren Sie nun Löcher für die Möbelknöpfe ins Holz. Planen Sie dabei genügend Abstand für die hängenden Pflanztöpfe ein. Basteln Sie mit Blumendraht mehrere Halterungen für die Zinneimer und hängen Sie diese an die Möbelknöpfe.

Bepflanzung

1_ In die Eimerboden werden Löcher als Abfluss gebohrt. Füllen Sie etwas Dränagematerial (z. B. Blähton) ein, bevor die Töpfchen bepflanzt werden.

Tipp

Nutzen Sie alte abgebrochene Bretter vom Bau. Zusätzliche Dekorationen wie ein aufgepepptes Hirschgeweih geben der Bretterwand einen frechen Look!

Begrüntes Sitzmöbel

Weggegangen – Platz vergangen? Bei dieser Bepflanzung entfalten sich Ihre Blumen zu lebhaften Platzhaltern.

Material

Für den Stuhl

- MDF-Platte, 5 mm Stärke
- Bleistift
- Stichsäge
- Schraubendreher
- Schrauben
- Holzbohrer
- Acryllack
- Flachpinsel
- Klarlack
- eventuell kleine Schublade (s. Tipp)

Für die Bepflanzung

- Teichfolie
- Schere
- Tacker
- Kiesel
- Blumenerde
- Pflanzen

Stuhl

1_ Entfernen Sie die Sitzfläche aus dem Stuhl und platzieren Sie ihn kopfüber auf Ihre Arbeitsflache. Messen Sie die Sitzfläche aus und übertragen Sie die Maße auf die MDF-Platte. Sägen Sie diese entsprechend mit einer Stichsäge zu.

2_ Schrauben Sie die Platte auf den umgedrehten Rahmen der Sitzfläche fest. So entsteht Raum zum Bepflanzen. Drehen Sie den Stuhl wieder um und bohren Sie Abflusslöcher in die Platte.

3_ Lackieren und verzieren Sie Ihr Möbel nach Wahl, zum Beispiel mit der Serviettentechnik (Seite 14). Am Ende wird alles mit einem Klarlack versiegelt.

Bepflanzung

1_ Schneiden Sie die Teichfolie zu und schlagen Sie die vertiefte Sitzfläche damit aus. Die Folie wird am inneren Rand des Rahmens mit einem Tacker befestigt.

2_ Schneiden Sie als Abfluss Schlitze in den Folienboden und bedecken Sie ihn mit Kieseln. Dann wird der Stuhl bepflanzt.

 **Tipp** Falls der Sitzboden nicht die nötige Tiefe für Ihre Bepflanzung aufweisen sollte, schrauben Sie eine kleine Schublade unter die MDF-Platte. Dazu bohren Sie ein Loch mittig in die Platte, setzen dort die Stichsäge an und sägen eine entsprechend große Öffnung aus. Die Schublade sollte unbedingt in der gleichen Farbe wie der Stuhl gestrichen werden.

Mehrwegdosen

Mit diesem grünen Blickfang verschönern Sie auch die kleinste Ecke – und versprühen Shabby Charme pur!

Dosen

1_ Metalldosen können leicht auf Alt getrimmt werden. Hervorragend eignen sich dafür kleine Teedosen. Schleifen Sie die Oberfläche punktuell mit grobem Schleifpapier an, die Kanten können Sie mit einer Drahtbürste bearbeiten.

2_ Mischen Sie eine Kochsalzlösung an (etwa 1 EL Kochsalz auf 1 l Wasser). Legen Sie die bearbeiteten Dosen draußen an einen regengeschützten Ort und bestreichen Sie sie mehrmals am Tag mit der Lösung. Nach gut 10 Tagen setzt sich der gewünschte Rost an.

Bepflanzung

1_ Die vorbehandelten Dosen werden 1 cm hoch mit Dränagematerial (z.B. Kies oder Blähton) gefüllt. Nach dem Bepflanzen wird der Erdboden mit feinem Kies abgedeckt.

Tipp

Anstelle von Sukkulenten können Sie auch kleine Moosfarne in die Dosen pflanzen. Sie eignen sich besonders gut für schattige Plätze im Garten oder auf dem Balkon.

Material

Für die Dosen
- Dosen
- Schleifpapier
- Drahtbürste
- Kochsalzlösung

Für die Bepflanzung
- Kies
- Blumenerde
- Sukkulenten

Tischgarten

**Die kleine Parkanlage für Ihre Kaffeetafel! Da werden Ihre Gäste
Augen machen …**

1_ Verteilen Sie kleine Steinsplitter auf der Kuchenplatte. Schaufeln Sie anschließend kuppelförmig Blumenerde auf die erste Schicht Steine.

2_ Bedecken Sie die Blumenerde mit Moos, das Sie sauber am Rand abschneiden.
Zum Bepflanzen reißen Sie kleine Löcher in das Moos und drücken die Pflanzen
in den darunterliegenden Erdhügel. Dann drücken Sie das Moos um die Pflanzen herum wieder leicht an.

3_ Um Ihren kleinen Tischgarten komplett zu machen, arrangieren Sie dekorative
Steine oder Muscheln auf dem Moos.

Material

- Kuchenplatte
- Steinsplitter
- Moos
- große Steine oder Muscheln
- Blumenerde
- kleine Pflanzen

Tipp

Dieses kleine Kunstwerk lässt sich am besten mithilfe einer
Wassersprühflasche bewässern. Damit das Moos nicht so leidet,
sollte es nicht der prallen Sonne ausgesetzt werden.

Kommod(e)

In dieser sommerlichen Komposition machen es sich Ihre Gewächse natürlich bequem!

Material

Für die Kommode

- Schleifpapier
- Holzschutzgrund
- Lackrolle
- Lackwanne
- Acryllack, hellgelb und grün
- Abtönfarbe, weiß
- Flachpinsel
- Servietten
- Serviettenkleber
- Kleiner Flachpinsel
- Schere
- Cutter
- Klarlack

Für die Bepflanzung

- Altes Bügeleisen
- Metallsieb
- Kiesel
- Teichvlies
- Blumenerde
- Pflanzen

Kommode

1_ Die Kommode wird angeschliffen und mit Holzschutzgrund vorbehandelt. Nach dem Zwischenschliff tragen Sie die erste Schicht hellgelben Acryllack auf und lassen diese gut trocknen. Die Seiten des Kommodenkorpus werden mit grünem Acryllack gestrichen.

2_ Der zweite Anstrich erfolgt ganzflächig mit weißer Abtönfarbe. Nach dem Trocknen können Sie die weiße Abtönfarbe nach Geschmack stellenweise abschleifen.

3_ Kleben Sie Ihr Serviettenmuster wie in den Grundtechniken (Seite 14) beschrieben auf die gewünschten Stellen auf. Nach der entsprechenden Trockenzeit haben Sie die Möglichkeit, die Serviettenkanten und -flächen vorsichtig anzuschleifen. Um einen extremen Shabby-Look zu schaffen, schleifen Sie stellenweise großzügig bis auf das Holz durch.

4_ Abschließend erhält die Kommode einen sorgfältigen Anstrich mit Klarlack für den Außenbereich.

Bepflanzung

1_ Bedecken Sie den Boden der Schublade und des Bügeleisens mit Kieseln. Anschließend wird die Blumenerde eingefüllt und bepflanzt.

2_ Das Sieb kleiden Sie mit Teichvlies aus und bepflanzen es wie gewünscht.

Sonnige Schattenplätze

Lieblingsplätze zum Lesen, Genießen, Ausruhen und Träumen.
Hier dürfen die Gedanken wie Wolken vorbeiziehen.

Schaukelstuhl

Hier gilt: Augen zu, Gebäck auf der Zunge zergehen lassen – und genüsslich im Schaukeltempo träumen.

Material

- Schaukelstuhl
- Schleifpapier
- Holzschutzgrund
- Acryllack, lichtgrau und türkisfarben
- Lackrolle
- Lackwanne
- Flachpinsel
- Abtönfarbe, weiß
- Tapete mit Blumenmuster oder großes Glanzbild
- Kleister oder Découpagekleber
- Klarlack

1_ Schleifen Sie den Stuhl an und behandeln Sie ihn anschließend mit Holzschutzgrund vor.

2_ Nach dem Zwischenschliff wird die erste Schicht lichtgrauer Acryllack aufgetragen. Die Stäbe von Rücken- und Armlehne werden mit türkisfarbenem Lack gestrichen. Das Ganze gut trocknen lassen.

3_ Mit weißer Abtönfarbe erhalten die Stäbe, die Sitzfläche und stellenweise auch die Kufen einen zweiten Anstrich. Nach dem Trocknen wird die weiße Abtönfarbe nach Ihrem Geschmack abgeschliffen. Um einen intensiven Shabby-Look herauszuarbeiten, schleifen Sie stellenweise großzügig bis auf das Holz durch.

4_ Bekleben Sie die Lehne mit einem Blumenmuster Ihrer Wahl (Grundtechniken Seite 14). Dann erfolgt der sorgfältige Abschlussanstrich mit einem Klarlack für den Außenbereich.

 **Tipp** Eine natürliche »Abnutzungsoptik« erhalten Sie, wenn vor allem die Kanten sowie die vorstehenden Ornamente und Riefen bis auf das Holz durchgeschliffen werden.

Märchenbett

Kurze Märchenstunde im Garten… Fühlen Sie sich wie die Prinzessin auf der Erbse, Dornröschen oder verzaubert in Tausendundeine Nacht.

Material

Für die Bettrückwand

- Bettrücken aus Holz
- Schleifpapier
- Holzschutzgrund
- Acryllack, weiß
- Klarlack
- Lackrolle
- Abtönfarbe, hellgelb
- Acryllack, blau
- Schablone
- Schablonierpinsel
- Lackwanne

Für die Liegefläche

- Europalette (60 × 80 cm)
- 4 Industrierollen
- Kaltschaummatratze

Bettrücken

1_ Der Bettrücken wird angeschliffen und mit Holzschutzgrund vorbehandelt. Nach dem Zwischenschliff wird die erste Schicht weißer Acryllack aufgetragen, alles gut trocknen lassen.

2_ Der zweite Anstrich folgt ganzflächig mit einer hellgelben Abtönfarbe. Nach dem Trocknen können Sie die Abtönfarbe nach Geschmack abschleifen. Um einen intensiven Shabby-Look zu erhalten, schleifen Sie stellenweise großzügig bis auf das Holz durch.

3_ Schablonieren Sie den Bettkopf nach der Grundanleitung auf Seite 16/17 mit einem Farbton Ihrer Wahl. Streichen Sie das Holz abschließend sorgfältig mit Klarlack für den Außenbereich.

Liegefläche

1_ Schrauben Sie vier handelsübliche Industrierollen unter die Palette (60 × 80 cm). Anschließend wird die Bettrückwand mit langen Schrauben von unten auf die Palette geschraubt. Zusätzlich empfiehlt es sich, die Rückenkonstruktion an einer Wand oder einem Baum zu fixieren.

2_ Schneiden Sie eine alte Kaltschaummatratze mithilfe eines Cutters auf die Maße 50 × 80 cm zu. Drapieren Sie die Matratze mit Ihrer Lieblingsdecke und einigen Kissen auf Ihr Märchenbett.

Blumentablett

… für die Blumen am Bett! So bleiben Teestunden und Kaffeepläusche unter freiem Himmel kleckerfrei.

Bilderrahmen

1_ Schleifen Sie den Bilderrahmen mit Schmirgelpapier an. Die Schnörkel bearbeiten Sie mit einer Drahtbürste. Tragen Sie anschließend mit dem Pinsel gleichmäßig eine Schicht weißen Acryllack auf.

2_ Nachdem der Lack getrocknet ist, pinseln Sie grob mit einer pinkfarbenen Abtönfarbe über die Verzierungen, alles gut trocknen lassen. Mit einem Schleifpapier (120er Körnung) schmirgeln Sie nun die pinke Abtönfarbe wieder punktuell ab.

3_ Es folgt ein sorgfältiger Abschlussanstrich mit Klarlack.

Tablettfläche

1_ Messen Sie die Innenmaße Ihres Bilderrahmens aus und sägen Sie eine 5 mm starke MDF-Platte passend zu.

2_ Bespannen Sie die Platte mit einem Wachstuch wie auf Seite 15/16 beschrieben. Dann setzen Sie diese in den Rahmen ein und fixieren sie ringsum auf der Rückseite mit kleinen Stiftnägeln.

Tipp Übung macht den Meister: Probieren Sie das Bespannen einer Holzplatte zuvor unbedingt mit günstigem Reststoff! Das spart Material und schont die Nerven.

Material

Für den Bilderrahmen
- Schleifpapier
- Acryllack, weiß
- Flachpinsel
- Abtönfarbe, pinkfarben
- Klarlack

Für die Tablettfläche
- MDF-Platte, 5 mm Stärke
- Zollstock oder Metermaß
- Bleistift
- Stichsäge
- Wachstuch
- Schere
- Handtacker
- feine Stiftnägel
- Hammer, evtl. Seitenschneider

Liegestuhl

… für individuelle Sonnenanbeter! Auf ihm machen Sie selbstverständlich auch im Schatten eine gute Figur.

Gestell

1_ Entfernen Sie den alten Stoffbezug vom Liegestuhl und schleifen Sie das Holzgestell an. Tragen Sie Holzschutzgrund auf, nach dem Trocknen folgt der Zwischenschliff.

2_ Tragen Sie die Beize gleichmäßig mit einem Flachpinsel auf und wischen Sie diese in Maserrichtung mit einem Tuch ab, alles gut trocknen lassen.

3_ Grundieren Sie die Armlehnen mit weißem Acryllack. Zusätzlich können Sie vereinzelt leichte weiße Pinselstriche auf das übrige Gestell bringen.

4_ Verzieren Sie die Armlehnen mit einem Serviettenmotiv nach Wahl (Grundtechniken Seite 14). Gegebenenfalls können Sie die Motivfarbe auch beim Streichen des Gestells aufgreifen. Abschließend wird der Stuhl sorgfältig mit einem Klarlack für den Außenbereich versiegelt.

Stoffbezug

1_ Messen Sie den alten Bezugsstoff aus. Schneiden Sie den neuen Stoff auf diese Größe plus 3 cm Nahtzugabe rundum zu.

2_ Bügeln Sie die Nahtzugabe um, dann nähen Sie alle 4 Seiten mit der Nähmaschine sauber mit einem Steppstich um. Die Häkeldeckchen werden mit der Hand aufgenäht.

3_ Der neue Stoffbezug wird mit einem Elektrotacker an der ursprünglichen Position am Liegestuhl befestigt, dabei sitzt Klammer an Klammer.

Material

Für das Gestell
- Liegestuhl aus Holz
- Schleifpapier
- Holzschutzgrund
- Flachpinsel
- Antikbeize
- Acryllack, weiß
- Servietten
- Serviettenkleber
- Kleiner Flachpinsel
- Schere
- Cutter
- Klarlack

Für den Stoffbezug
- Fester Stoff, z.B. Leinen
- Maßband
- Stoffschere
- Nähmaschine
- Häkeldeckchen
- Nadel und Faden
- Elektrotacker mit Klammern (mind. 10 mm Länge)

51

Picknicklounge-Stuhl

Et voilà: Der erste Kandidat des außergewöhnlichen Picknick-Trios bitte in die Maske!

1_ Der Stuhl wird angeschliffen und mit Holzschutzgrund vorbehandelt. Danach erfolgt der Zwischenschliff.

2_ Geben Sie etwas weiße Abtönfarbe auf einen flachen Teller. Tunken Sie die Borstenenden eines Flachpinsels leicht in die Farbe und streifen Sie diese an einem Küchentuch ab. Nun wird mit kurzen, schnellen Pinselstrichen über das Holz gestrichen.

3_ Verzieren Sie den Stuhl an den gewünschten Stellen mit einem filigranen Serviettenmotiv (Grundtechniken Seite 14).

4_ Nun bekleben Sie Teile der Sitz- und Rückenfläche mit etwas Spitzenstoff. Dazu nutzen Sie am besten Stoffsteif.

5_ Am Ende versiegeln Sie den Stuhl sorgfältig mit einem Klarlack für den Außenbereich.

Tipp Für die Serviettentechnik gilt generell: Je hellgrundiger das Serviettenmotiv ist, desto mehr wirkt das Muster am Ende wie aufgemalt.

Material

- Holzstuhl
- Schleifpapier
- Holzschutzgrund
- Abtönfarbe, weiß
- Flachpinsel
- Serviette
- Serviettenkleber
- Schere
- Spitzenstoff
- Stoffsteif
- Klarlack

Picknicklounge-Tisch

Und Klappe, die zweite: der Klapptisch für Ihre Picknicklounge im sommerlichen Grün.

Material

- Setzkasten
- Wurzelbürste
- Schleifpapier
- Holzschutzgrund
- Abtönfarbe, weiß
- Flachpinsel
- Klarlack
- Blähton
- Blumenerde und Sand
- Sukkulenten
- Stoffreste
- Sekundenkleber
- klappbares Untergestell aus Holz

1_ Bürsten Sie den Setzkasten gut ab, mögliche Lackreste werden mit Schleifpapier entfernt. Streichen Sie das Holz mit Holzschutzgrund vor und schleifen es nach dem Trocknen leicht an.

2_ Geben Sie etwas weiße Abtönfarbe auf einen flachen Teller. Tunken Sie die Borstenenden eines Flachpinsels leicht in die Farbe und streifen überschüssige Farbe an einem Küchentuch ab. Nun streichen Sie mit kurzen, schnellen Pinselstrichen über das Holz.

3_ Es folgt ein sorgfältiger Abschlussanstrich mit Klarlack für den Außenbereich.

4_ Wenn Sie möchten, können Sie einige Kästchen mit Sukkulenten bepflanzen. Dazu bedecken Sie den Boden mit etwas Blähton, füllen darauf eine Mischung aus Sand und Blumenerde und pflanzen kleine Sukkulenten ein. Die restlichen Kästchen werden nach Belieben von innen mit Stoff beklebt.

5_ Das Untergestell aus Holz wird in der gleichen Weise wie in Schritt 1 bis 3 bearbeitet.

Tipp

Das Untergestell sollte zusammenklappbar sein, damit die Möbel bei schlechtem Wetter problemlos weggeräumt werden können. Selbstverständlich kann auch ein Metallgestell als Unterbau verwendet werden. Wie es am besten bearbeitet wird, erfahren Sie auf Seite 23.

Picknickkasten

Nun ist die Picknicklounge perfekt – mit dem richtigen Transportmittel für ein filmreifes Sommercatering!

1_ Der Werkzeugkasten wird angeschliffen und mit Holzschutzgrund vorbehandelt.

2_ Nach dem Zwischenschliff werden die Flächen gut gesäubert. Dann tragen Sie die erste Schicht weißen Acryllack auf und lassen alles gut trocknen.

3_ Der zweite Anstrich folgt ganzflächig mit einem Acryllack in zartem Mint. Nach dem Trocknen können Sie die obere Schicht Lack nach Belieben abschleifen.

4_ Wählen Sie eine Schablone für die Front des Kastens aus. Schablonieren Sie laut Anleitung in den Grundtechniken (Seite 16/17) mit einem Farbton Ihrer Wahl.

5_ Versiegeln Sie das Holz sorgfältig mit Klarlack für den Außenbereich. Zu guter Letzt kleben Sie mithilfe einer Heißklebepistole eine Bordüre aus Spitze entlang der Längskante auf.

Material

- Werkkasten aus Holz
- Schleifpapier
- Holzschutzgrund
- Acryllack, weiß und mint
- Lackrolle
- Flachpinsel
- Lackwanne
- Schablone
- Schablonierpinsel
- Acryllack
- Klarlack
- Heißklebepistole
- Spitzenband

Tipp Bepflanzt macht sich der Werkkasten auch gut im Garten! Möchten Sie ihn allerdings ausschließlich als Transportkasten nutzen, darf der Holzschutzgrund selbstverständlich entfallen – und ein Abschlussanstrich mit Klarlack für den Innenbereich ist ebenfalls ausreichend.

Material

Hundehütte

Die Sommerresidenz für Ihren Hund – im gediegenen Shabby-Charme-Look!

Dachausbau

1_ Messen Sie die 4 Schenkellängen des Satteldaches von der Hundehütte aus. Dann sägen Sie 4 Dachlatten auf die entsprechenden Schenkellängen zu. Der Einfachheit halber habe ich die Gehrung am Dachfirst weggelassen. Schrauben Sie nun Ihre Dachlattenstücke jeweils plan an die vordere und hintere Dachkante.

2_ Messen Sie nun die 2 Seitenkanten Ihres Daches aus und sägen Sie 2 Holzlatten entsprechend zu. Nun verschrauben Sie die beiden Hölzer zwischen die schon angebrachten Dachschenkel an die äußere Dachkante.

Hundehütte Corpus

1_ Die Hütte wird angeschliffen und mit Holzschutzgrund vorbehandelt. Nach dem Zwischenschliff tragen Sie weißen Acryllack auf, gut trocknen lassen.

2_ Der zweite Anstrich erfolgt ganzflächig mit einer Abtönfarbe Ihrer Wahl. Nach der Trockenzeit schleifen Sie die Abtönfarbe nach Ihrem Geschmack ab und versiegeln das Holz mit Klarlack für den Außenbereich.

Dachbepflanzung

1_ Schneiden Sie das Teichvlies auf die Maße des Daches zu. Schlagen Sie damit den entstandenen Raum zwischen den angebrachten Dachlatten komplett aus und tackern Sie das Vlies am inneren Rand der Latten fest.

2_ Füllen Sie das Dach bis zum Rand mit Blumenerde und drücken Sie die Erde fest. Legen Sie über das gesamte Dach einen großlöchrigen Maschendraht und tackern Sie ihn oben auf die Dachlatten. Schneiden Sie mit einem Seitenschneider größere Löcher in die Stellen des Drahtgeflechts, wo die Sukkulenten eingepflanzt werden sollen. Nach dem Einpflanzen bedecken Sie den Rest des Dachs mit Moos.

Charmante Tischgespräche

Ob zum Frühstück, Dinner oder dem kleine Kaffeeklatsch
unter Freunden — an diesen Tischen wird gelacht, gequatscht,
gegrillt und eine gute Zeit mit den Liebsten verbracht.

Biertisch à la carte

Dinner for one, two, three, four, five … An dieser schmucken Outdoor-Tafel finden garantiert alle Freunde Platz!

Biertisch

1_ Die Tischplatte wird gut mit einem Schwingschleifer abgeschliffen. Anschließend wird sie mit Holzschutzgrund vorbehandelt, nach dem Trocknen folgt der Zwischenschliff.

2_ Tragen Sie mit einem Flachpinsel Antikbeize auf und wischen Sie diese in Maserrichtung mit einem Tuch ab. Nach dem Trocknen streichen und betupfen Sie mithilfe eines Naturschwamms Tischkanten und -mitte grob mit weißer Abtönfarbe. Nach dem Trocknen tragen Sie eine dünne Schicht gelben Acryllack mit der Lackrolle auf die weißen Stellen auf. Partiell wird türkisfarbener Acryllack eingearbeitet.

3_ Wählen Sie eine Schablone für den Tischrand aus und schablonieren Sie entsprechend der Anleitung (Seite 16/17) mit weißem und gelbem Lack.

4_ Wenn der Lack gut getrocknet ist, wird mit einem Schwingschleifer die gesamte Tischfläche angeschliffen. An den Stellen mit Farbauftrag verharren Sie etwas länger. Stellenweise wird noch mit einem Deltaschleifer die Farbe in der Tischmitte und am Rand etwas gröber abgetragen. Es folgt ein sorgfältiger Abschlussanstrich mit Klarlack für den Außenbereich.

Bank

1_ Die Sitzfläche wird gut abgeschliffen und mit Holzschutzgrund vorbehandelt. Nach dem Zwischenschliff tragen Sie Antikbeize auf und wischen diese in Maserrichtung mit einem Tuch ab.

2_ Nach dem Trocknen streichen Sie die Kanten grob mit weißer Abtönfarbe. Die getrocknete obere Schicht weiße Farbe können Sie nach Belieben abschleifen. Dann versiegeln Sie das Holz sorgfältig mit Klarlack für den Außenbereich.

Material

- Biertischgarnitur
- Schwingschleifer
- Holzschutzgrund
- Lackrolle
- Schleifpapier
- Antikbeize
- Flachpinsel
- Abtönfarbe, weiß
- Naturschwamm
- Acryllack, gelb und türkisfarben
- Schablone
- Schablonierpinsel
- Deltaschleifer
- Klarlack

Bierbank-Sitzkissen

Bei diesen außergewöhnlichen Hussen möchte man fast lieber stehen bleiben, um sie in Ruhe bewundern zu können!

1_ Eine Husse besteht jeweils aus zwei Teilen. Sichtbar ist die lange Stoffbahn, die aus einer alten Spitzentischdecke genäht wird. Darunter befindet sich eine mittig gegengenähte Stoff-Kassette, in die das Sitzkissen eingeschoben wird.

2_ Schneiden Sie zuerst die obere Stoffbahn mit 3 cm Nahtzugabe zu. Das Endmaß soll 30 cm Breite × 100 cm Länge betragen. Versäubern Sie rundum die Kanten mit Zickzackstichen, schlagen Sie dann die Nahtzugabe um und steppen Sie die Kanten ab.

3_ Nun wird der Stoff für die Kassette mit 3 cm Nahtzugabe zugeschnitten. Das Endmaß beträgt 30 cm Breite × 35 cm Länge. Nach dem Versäubern der Kanten schlagen Sie die Nahtzugabe an den Längsseiten um und steppen die beiden Kanten ab. Dann nähen Sie die Kassette an den zwei kurzen Kanten mittig gegen die Unterseite der langen Stoffbahn, sodass eine Art breite Stoffschlaufe entsteht. Die Seiten bleiben dabei komplett geöffnet, damit hier die Kissen problemlos eingeschoben werden können.

4_ Bedrucken Sie die Sitzfläche mit einem Motiv Ihrer Wahl. In Kreativmärkten und im Onlinehandel erhalten Sie dafür bedruckbare Textilfolie zum Aufbügeln.

Material

- Spitzentischdecke, weiß
- Stoff für Kassetten, weiß
- Schere
- Nähmaschine
- Textilfolie mit Motiv
- Bügeleisen

Tipp

Nähen Sie Sitzkissen in der Größe 30 × 40 cm, damit sie seitlich aus der Kassette schauen. Die Kissenanleitung finden Sie auf Seite 103.

Schaukeltisch

Ein charmantes Plätzchen für zwei – leichter Wellengang und Bauchkribbeln sind inbegriffen.

Material

- Obstkiste
- Schleifmaschine
- Holzschutzgrund
- Acryllack, weiß (alternativ Lasur)
- Klarlack
- Flachpinsel
- Bohrer
- Seil
- Seilklemmen
- Große S-Haken

1_ Die Obstkiste wird gereinigt und mit einer Schleifmaschine abgeschliffen. Dann wird der Holzschutzgrund aufgetragen. Nach dem Trocknen folgt der Zwischenschliff.

2_ Verdünnen Sie etwas weißen Acryllack stark mit Wasser und tragen Sie mit einem Pinsel den sehr flüssigen Lack auf das Holz auf.

3_ Nach dem Trocknen versiegeln Sie das Ganze sorgfältig mit Klarlack für den Außenbereich.

4_ Bohren Sie nun je ein Loch in die vier Ecken des Kistenbodens. Ziehen Sie ein Seil in der gewünschten Länge durch die beiden Löcher auf der linken Seite der Kiste und befestigen Sie die Seilenden mit einer Seilklemme. In gleicher Weise verfahren Sie auf der rechten Seite.

5_ Hängen Sie Ihre Tischschaukel mit großen S-Haken an einen entsprechend stabilen Ast.

Tipp

Statt mit stark verdünntem Lack können Sie die Obstkiste auch nach der Grundierung mit einer Holzlasur anstreichen.

BBQ-Station

Die Grillsaison ist eingeläutet! Dieser Rolltisch glänzt auf Ihrer Terrasse als absoluter Alleskönner.

Korpus

1_ Die 7 Paletten werden gereinigt und mit Holzschutzgrund vorbehandelt. Tragen Sie nun mit einem Pinsel satt weißen Lack auf und lassen ihn gut trocknen. Versiegeln Sie die Paletten sorgfältig mit einem Klarlack für den Außenbereich.

2_ Schrauben Sie 4 handelsübliche Industrierollen mit einem Akkuschrauber unter die Ecken einer Palette. Stapeln Sie auf diese die übrigen Paletten zu einem kleinen Turm auf und verschrauben Sie die einzelnen Elemente von hinten mit Lochbändern.

Tischplatte

1_ Beizen Sie die Leimholzplatte mit Antikbeize und lassen Sie alles gut trocknen. Dann folgt der Zwischenschliff.

2_ Wählen Sie ein Schablonenmuster aus. Bringen Sie dieses wie auf Seite 16 beschrieben mit weißem Acryllack auf die Platte auf. Nachdem das Muster getrocknet ist, tragen Sie mit einer Lackrolle Klarlack für den Außenbereich als Abschlussanstrich auf die Platte auf.

3_ Nun kann die Tischplatte auf den Korpus gelegt und von hinten mit Lochbändern verschraubt werden.

Material

Für den Korpus
- 7 Paletten (60 × 80 cm)
- Holzschutzgrund
- Acryllack, weiß
- Flachpinsel
- Klarlack
- 4 Industrierollen
- Akkuschrauber
- Schrauben
- Lochbänder

Für die Tischplatte
- Leimholzplatte
- Antikbeize
- Flachpinsel
- Schleifpapier
- Schablone
- Schabloniierpinsel
- Klarlack
- Lackrolle

Schublade

Diese schicke Schublade passt nicht nur perfekt in die BBQ-Station.
Sie macht auch als Tablett-Ersatz auf dem Tisch eine prima Figur!

Material

- Schublade
- Schleifpapier
- Antikbeize
- Krakeliermedium
- Abtönfarbe, weiß
- Föhn
- Schablone
- Schablonierpinsel
- Acryllack
- 3-D-Lack
- Tapete
- Cutter
- Schneideschiene
- Kleister (alternativ Découpage-kleber)
- Klarlack
- Möbelknopf
- Holzstück für Schubladen-trennung
- Stichsäge
- Heißklebepistole
- Spitze

1_ Schleifen Sie die Schublade an. Beizen Sie die Front und die Seiten mit Antik-beize und lassen Sie alles gut trocknen.

2_ Streichen Sie nun die Schubladenseiten mit Krakeliermedium satt ein und lassen Sie sie kurz antrocknen. Dann streichen Sie mit dem Pinsel weiße Abtönfarbe über das Medium und föhnen die Fläche leicht an. Die Oberfläche reißt nach kurzer Zeit und erhält die gewünschte Krakelee-Optik. Die Farbe soll gut trocknen.

3_ Wählen Sie eine Schablone für die Front aus. Schablonieren Sie entsprechend der Anleitung (Grundtechniken Seite 16/17) mit einem Farbton Ihrer Wahl. Wenn Sie möchten, malen Sie das Muster zusätzlich mit einem 3-D-Lack nach.

4_ Wählen Sie Tapete für das Schubladeninnere aus und schneiden Sie diese entsprechend für die vier Wände und den Schubladenboden zu. Dies gelingt am saubersten mit einem Cutter und einer Metallschneideschiene. Die Tapetenrück-seite wird nun mit Kleister oder Découpagekleber satt eingestrichen. Nach ein paar Minuten Einwirkungszeit bekleben Sie erst den Boden, dann folgt eine Seite nach der anderen. Um ein sauberes Ergebnis zu erzielen, rakeln Sie die Tapete von der Flächenmitte nach außen vorsichtig an. Das Papier gut trocknen lassen.

5_ Es folgt ein sorgfältiger Abschlussanstrich der Außen- und Innenflächen mit Klarlack. Nach dem Trocknen schrauben Sie einen passenden Möbelknopf an die Schublade. Sägen Sie für Ihre Schubladentrennung ein entsprechendes Holzbrett zu und lackieren Sie es in der gewünschten Farbe. Kleben Sie die Trennung mit Heißkleber auf die gewünschte Stelle. Zum Schluss können Sie Ihre Schublade noch mit Spitze verzieren. Dazu kleben Sie diese punktuell mit Heißkleber auf.

Gewürzkästchen

Beim Grillen gilt: Jeder Gast würzt nach seinem Gusto! Einen geeigneten Holzkasten erhalten Sie in unterschiedlichen Größen im Bastelbedarf.

Material

- Gewürz- oder Teekasten
- Abtönfarbe, weiß
- Flachpinsel
- Servietten
- Serviettenkleber
- Kleiner Flachpinsel
- Schere
- Abtönfarbe, bunt
- Effekt-Liner, bunt
- Klarlack
- Beschlag
- Heißklebepistole
- Borte

1_ Kleben Sie die Scheibe des Kästchens ab. Anschließend werden die Holzflächen außen mit weißer Abtönfarbe grundiert.

2_ Nach dem Trocknen bekleben Sie die Seiten wie in den Grundtechniken (Seite 14) beschrieben mit der Serviettentechnik. Schön sieht es aus, wenn Sie das Blumenmuster auf dem Deckel fortsetzen, indem Sie darauf ebenfalls eine Blumenranke kleben. Nach der entsprechenden Trockenzeit haben Sie die Möglichkeit, die Serviettenkanten und -flächen vorsichtig anzuschleifen.

3_ Den Deckel bemalen Sie nun noch mit einer zweiten Farbe, die sich in Ihrem Serviettenmuster wiederfindet. Dazu geben Sie etwas bunte Abtönfarbe auf einen flachen Teller und tunken die Borstenenden eines Flachpinsels leicht in die Farbe. Streifen Sie diese an einem Küchentuch ab und streichen Sie dann mit schnellen Pinselstrichen über die gewünschten Stellen. Malen Sie außerdem mit Effekt-Linern die Serviettenmuster partiell nach. Punkte in unterschiedlichen Farben lassen Ihre Muster noch lebendiger wirken.

4_ Es folgt ein sorgfältiger Abschlussanstrich mit Klarlack. Nach dem Trocknen können Sie außerdem als Hingucker einen Beschlag mit Heißkleber auf die Kastenfront aufbringen. Nachdem Sie die Scheibe freigelegt und gesäubert haben, kleben Sie vorsichtig eine kleine Borte mit Heißkleber auf.

Tipp

Kombinieren Sie unterschiedliche Muster, verleiht das Ihrem Design sehr viel mehr Spannung. Hier zum Beispiel treffen Blumen auf Karos.

Leinenservietten

Kleine Stoffe ganz groß und persönlich

1_ Waschen und bügeln Sie den Stoff vor seiner Verarbeitung. Dann schneiden Sie die gewünschte Anzahl Stoffstücke mit den Maßen 40 × 40 cm zu.

2_ Versäubern Sie die Stoffkanten mit einen Zickzackstich in einer Breite von 3 bis 5 mm und mit einer geringen Stichlänge. Nähen Sie so knapp an der Kante entlang, dass jeweils ein Stich in den Stoff und einer neben der Stoffkante ins Leere geht. Die Farbe des Garns können Sie dabei frei wählen.

3_ Anschließend bedrucken oder bemalen Sie Ihre Servietten individuell. Zum bedrucken wenden Sie die Transferfolientechnik an (Anleitung Seite 18). Um Schriftzüge (wie z. B. Namen) auf den Stoff aufzubringen, zeichnen Sie diese mit einem weichen Bleistift dünn vor. Dann malen Sie Buchstaben für Buchstaben mit einem Stoff-Liner nach.

4_ Fixieren Sie die Stofffarbe mit dem Bügeleisen nach Herstellerangabe.

Material
- Leinenstoff
- Stoffschere
- Nähmaschine
- Garn
- Textilfolie oder Stoff-Liner
- Bügeleisen

Tipp

Falls Sie keine Nähmaschine zu Hause haben oder es mal schnell gehen soll: Sie können die Stoffstücke natürlich auch in einer Schneiderei fachgerecht versäubern lassen.

Gartenarbeit Deluxe

Warum sollten Sie das Homeoffice nicht mal ins Freie verlegen?
Unter freiem Himmel macht das Studieren und Lernen
doppelt Spaß und die Zeit vergeht wie im Fluge.

Schreibtisch

Blumenduft in der Nase, Sonne auf der Haut, Vogelgesang im Ohr – und die Büroarbeit geht federleicht von der Hand.

Metallaufhängung

1_ Entfetten Sie das Metall mit Glasreiniger und schleifen Sie es an. Lackieren Sie es stellenweise mit weißem Lack und einem Rundpinsel, dann lassen Sie alles sehr gut trocknen.

2_ Nun geben Sie braunen und goldenen Lack auf einen Teller. Tupfen Sie mit einem Schwamm stellenweise beide Farbtöne auf das Metall. Arbeiten Sie dabei »nass in nass«, so entsteht eine schöne Rost-Optik.

3_ Ist die Farbe trocken, versiegeln Sie alles mit einem Metallschutz. Nach dem Trocknen bringen Sie die Aufhängung an die Rückwand an (für die meisten Wände empfehlen sich dafür Dübel und lange Spaxschrauben).

Tischplatte

1_ Für die Tischplatte brauchen Sie ein altes Holzbrett. Reinigen Sie es mit einem Dampfdruckgerät und wachsen Sie es abschließend mithilfe einer Lackrolle.

2_ Das Brett wird auf die Metallhalterung gelegt und von unten mit einem Lochband an die Metallhalterung geschraubt.

Tipp Sie können jegliche Holzbretter als Tischplatte verwenden, ich habe hier ein altes Eichenbrett eingesetzt. Besonders schön ist auch Treibholz!

Material

Für die Metallaufhängung
- Metallaufhängung
- Glasreiniger oder Nitroverdünnung
- Schleifpapier
- Rundpinsel
- Schwamm
- Metalllack, weiß, braun und gold
- Metallschutz
- 4 große Schrauben und Dübel (je nach Wand)

Für die Tischplatte
- Holzbrett (ca. 40 × 100 cm)
- Dampfdruckgerät
- Holzwachs
- Lackrolle
- Lochband
- Schrauben für Lochband

Schreibtischstuhl

… für kreative Amtsstuben! Hier wird Dienst nach Vorschrift klein geschrieben.

Stuhlgestell

1_ Entfernen Sie die Sitzfläche und schleifen Sie den Stuhl an. Behandeln Sie das Holz mit Holzschutzgrund vor.

2_ Nach dem Zwischenschliff tragen Sie die erste Schicht blauen Acryllack auf und lassen ihn gut trocknen. Dann schleifen Sie den Lack teilweise wieder ab. Nun tragen Sie nach dem gleichen Schema eine zweite Schicht in Grün auf und schleifen stellenweise ab. Die dritte Schicht wird ebenso mit weißem Acryllack erzeugt.

3_ Bekleben Sie nun Ihre Rückenlehne, die zwei Armlehnen und den Sitzvorderboden wie auf Seite 14 beschrieben mit der Serviettentechnik. Nach der entsprechenden Trockenzeit haben Sie die Möglichkeit, die Serviettenkanten und -flächen vorsichtig anzuschleifen. Malen Sie die Muster mit einem Effekt-Liner nach und lassen Sie alles gut trocknen. Es folgt ein sorgfältiger Abschlussanstrich mit Klarlack für den Außenbereich. Dann können Sie die Spitzenborte mit Heißkleber aufbringen.

Sitzfläche

1_ Ist die Sitzfläche noch vorhanden, nutzen Sie diese als Schablone. Fehlt die Sitzfläche, legen Sie ein Transparentpapier auf das Loch der Sitzfläche und übertragen die Form mit einem Permanentmarker. Nun schneiden Sie Ihre Schablone aus und übertragen die Form auf die MDF-Platte. Mit einer Stichsäge sägen Sie Ihre neue Sitzfläche aus.

2_ Legen Sie die Sitzfläche auf die Tapete und schneiden Sie die Tapete mithilfe eines Cutters zu. Kleistern Sie die Tapete rückseitig ein und lassen Sie den Kleister ein paar Minuten ziehen. Dann legen Sie die Tapete auf das Holz und rakeln von der Flächenmitte nach außen die Tapete an. Nach dem sorgfältigen Abschlussanstrich mit Klarlack für den Außenbereich können Sie die Fläche in das Gestell setzen.

Menage

Dieses ehemalige Gewürzregal beherbergt nun Schreibtischutensilien und alles, was das Arbeiten schöner macht.

Material

- Menage
- Schleifmaschine
- Holzschutzgrund
- Flachpinsel
- Acryllack, rosa
- Schleifpapier
- Abtönfarbe, weiß
- Effekt-Liner
- Klarlack
- MDF-Platte, 0,5 mm Stärke
- Bleistift
- Stichsäge
- Tapete
- Cutter
- Kleister
- Heißklebepistole
- Spitzenborte

Regal

1_ Schleifen Sie das Regal an und behandeln Sie es mit Holzschutzgrund vor. Nach dem Zwischenschliff tragen Sie die erste Schicht rosa Acryllack auf und lassen diese gut trocknen. Dann streichen Sie die zweite Schicht mit weißer Abtönfarbe. Nach dem Trocknen schleifen Sie diese wieder teilweise ab.

2_ Malen Sie zusätzlich mit einem Effekt-Liner Punkte auf die Kanten und lassen Sie diese gut trocknen. Der Abschlussanstrich erfolgt mit einem Klarlack für den Außenbereich.

Rückwand

1_ Legen Sie das Regal auf die MDF-Platte und zeichnen Sie die innere Form mit einem Bleistift nach. Mit einer Stichsäge sägen Sie nun die zukünftige Rückwand aus der Platte aus. Passen Sie diese in das Regal ein, indem Sie hier und da noch eine Ecke abschleifen. Dann nehmen Sie die Wand zur Weiterverarbeitung wieder heraus.

2_ Wählen Sie eine Tapete passend zur Stuhlfarbe. Legen Sie die Vorderseite der Rückwand auf die Tapete und schneiden Sie diese mithilfe eines Cutters zu. Kleistern Sie die Tapete rückseitig ein und lassen Sie ihn ein paar Minuten einziehen. Dann legen Sie die Tapete auf das Holz und rakeln von der Flächenmitte nach außen die Tapete an. Es folgt ein sorgfältiger Abschlussanstrich mit Klarlack für den Außenbereich. Dann können Sie die Spitzenborte mit der Heißklebepistole aufbringen.

Uhr

Wer hat an der Uhr gedreht? … Jetzt ist es aber höchste Zeit für eine kleine Siesta im Garten.

1_ Wählen Sie einen Teller im passenden Shabby-Charme-Design. Falls die Farben auf dem Teller noch nicht abgenutzt genug aussehen, schleifen Sie diese mit einem Schmirgelpapier etwas ab. Ich habe dafür sogar eine Schleifmaschine benutzt – aber es ist empfehlenswert, damit nur vorsichtig zu beginnen!

2_ Ermitteln Sie die Kreismitte und stellen Sie den Teller auf einen Holzuntergrund. Dann bohren Sie mit einem Metallbohrer sehr vorsichtig ein Loch in den Teller.

3_ Nun schrauben Sie die Zeiger und das Uhrwerk fest. An Uhrwerken aus dem Bastelbedarf befindet sich in der Regel direkt eine Aufhängung. So können Sie die Uhr beispielsweise an der Wand Ihres Balkons oder auch an einem Garten-regal anbringen.

Tipp Ich habe die Lochbohrung bei unterschiedlichen Tellern aus-probiert: Es kommt auf den Härtegrad des Porzellans an, ob man ein Loch bohren kann oder nicht. War das Material zu hart, habe ich den Teller kurzerhand zum Glaser gebracht. Er bohrt mit einem Diamantbohrer ein feines Loch in die Tellermitte.

Material

- Teller
- Schleifpapier
- Metallbohrer
- Uhrwerk
- Uhrzeiger

Pinnwand

Können Sie sich einen hübscheren Aufbewahrungsort für kleine Gedankenstützen im Freien vorstellen?

Bilderrahmen

1_ Schleifen Sie den Bilderrahmen mit Schmirgelpapier an. Die Riefen und Ornamente bearbeiten Sie mit einer Drahtbürste.

2_ Nun tragen Sie mit dem Flachpinsel gleichmäßig eine Schicht weißen Acryllack auf und lassen diese gut trocknen. Mit einem Schleifpapier (120er Körnung) schmirgeln Sie den Lack stellenweise wieder ab.

3_ Nach einem sorgfältigen Abschlussanstrich mit Klarlack schrauben Sie rückseitig eine Bilderrahmenaufhängung an.

Pinnwandfläche

1_ Legen Sie den Bilderrahmen auf Ihre MDF-Platte und zeichnen Sie die innere Form mit einem Stift nach. Dann schneiden Sie die Platte entsprechend zu.

2_ Bespannen Sie die Platte mit einem 0,5 mm starken Vlies wie auf Seite 15/16 beschrieben. Dabei wenden Sie bei runden oder ovalen Flächen dieselbe Technik an wie bei Quadraten und Rechtecken. Falls der Faltenwurf zu groß sein sollte, schneiden Sie den Stoff in den Falten ein und tackern kleine Abnäher.

3_ Nun bespannen Sie die Platte über dem Vlies mit einem Stoff Ihrer Wahl. Setzen Sie die fertige Pinnwandfläche in den Rahmen ein und fixieren Sie diese von hinten mit kleinen Stiftnägeln. Als Pinnnadeln empfehle ich lange Schwesternnadeln aus dem Bastelbedarf.

Material

Für den Bilderrahmen

- Holzrahmen
- Schleifpapier
- Drahtbürste
- Acryllack, weiß
- Flachpinsel
- Klarlack
- Aufhängung

Für die Pinnwandfläche

- MDF-Platte, 5 mm Stärke
- Stift
- Stichsäge
- Schere
- Vlies, 0,5 mm Stärke
- Handtacker
- Tackernadeln, 2 mm
- Stoff
- Hammer
- feine Stiftnägel
- Seitenschneider
- Schwesternnadeln

Kinderstühle

Kleine Regiestühle für kleine Regisseure!

1_ Schleifen Sie die Stühle mit Schleifpapier an und behandeln Sie das Holz mit Holzschutzgrund vor.

2_ Nach dem Zwischenschliff lackieren Sie die Stühle mit weißem Acryllack. Lassen Sie die Lackschicht sehr gut trocknen.

3_ Wählen Sie nun ein Serviettenmotiv aus. Schneiden Sie Ihr Motiv zu und kleben Sie es entsprechend der Grundtechnik (Seite 14) seitlich und vorne am Rahmen der Stuhlsitzfläche auf. Nachdem alles gut getrocknet ist, schleifen Sie Farbe und Serviettenmuster am Stuhl nach Belieben an und sorgen so für den gewünschten Shabby-Look.

4_ Verzieren Sie abschließend Ihr Werk noch mit einem Effekt-Liner. Dann lackieren Sie den Stuhl mit einem Klarlack für den Außenbereich.

5_ Erst danach lackieren Sie die Stuhllehne sowie die Sitzfläche mit einem schwarzen Schultafellack. Kleben Sie unbedingt vor dem Anstrich die Stuhlkanten mit Malerkrepp ab. Schultafellacke können mit einer Lackrolle oder mit einem Pinsel aufgetragen werden. Ich bevorzuge das Lackieren mit einer Rolle. Tafellack ist lösemittelhaltig und sollte im Freien oder in sehr gut belüfteten Räumen verarbeitet werden.

Material

- Kinderstühle aus Holz
- Schleifpapier
- Holzschutzgrund
- Acryllack, weiß
- Flachpinsel
- Servietten
- Serviettenkleber
- Kleiner Flachpinsel
- Schere
- Cutter
- Effekt-Liner
- Klarlack
- Malerkrepp
- Schultafellack, schwarz
- Lackrolle
- Lackwanne

Tipp Nähen Sie kleine Kissen für die Stühlchen, damit die Kleinen es so richtig bequem haben. Wählen Sie dazu am besten unterschiedliche Stoffmuster – das macht gute Laune!

Schultafel

Punkt, Punkt, Komma, Strich … Mit dieser kleinen Tafel erobern die Montagsmaler Ihren Garten!

Tafel

1_ Sägen Sie eine MDF-Platte auf das gewünschte Maß zu, 40 × 80 cm sind für eine Staffelei optimal. Wer möchte, kann sich die Platte auch im Baumarkt zuschneiden lassen.

2_ Grundieren Sie beide Plattenseiten mit weißer Wandfarbe und lassen Sie die Farbe sehr gut trocknen! Nun lackieren Sie eine Seite der Platte mit grünem Schultafellack wie auf Seite 95 beschrieben. Es empfiehlt sich ein zweiter Anstrich nach der Trockenzeit.

3_ Sägen Sie die Winkelleisten auf das Kantenmaß zu. Lackieren Sie die Leisten mit braunem Acryllack. Nach dem Trocknen tragen Sie satt Krakeliermedium auf und lassen es kurz antrocknen. Dann streichen Sie weiße Abtönfarbe über das noch feuchte Krakeliermedium und föhnen das Ganze an, bis die obere Schicht reißt.

4_ Wenn alles gut trocken ist, überstreichen Sie abschließend die Leisten mit einem Klarlack. Kleben Sie nun die Leisten mit Heißkleber auf die MDF-Platte. Die Ecken habe ich mit etwas Tortenspitze verziert.

Staffelei

1_ Schleifen Sie das Holz an. Geben Sie nun etwas weiße Abtönfarbe auf einen flachen Teller und tunken Sie die Borstenenden eines Flachpinsels leicht in die Farbe. Streifen Sie diese an einem Küchentuch ab und streichen Sie nun mit kurzen, schnellen Pinselstrichen über das Holz. Nach dem Trocknen schleifen Sie die Farbe stellenweise mit feinem Schmirgelpapier ab.

2_ Mit einem Küchenschwamm betupfen Sie die Kanten mit brauner Abtönfarbe. Damit Sie dabei nur ganz wenig Farbe verwenden, geben Sie diese mit einem Pinsel sehr dünn auf die Schwammoberfläche. Versiegeln Sie das Holz abschließend sorgfältig mit einem Klarlack.

Material

Für die Tafel

- MDF-Platte (40 × 80 cm)
- Gehrungssäge
- Wandfarbe, weiß
- Lackrolle
- Lackwanne
- Schultafellack, grün
- Winkelleisten
- Stichsäge
- Acryllack, braun
- Flachpinsel
- Krakeliermedium
- Abtönfarbe, weiß
- Föhn
- Klarlack
- Heißklebepistole
- Tortenspitze

Für die Staffelei

- Holzstaffelei
- Schleifpapier
- Abtönfarbe, weiß und braun
- Flachpinsel
- Schwamm
- Klarlack

Schaukelpferd

Das Gelernte kann man prima beim Schaukeln sacken lassen … Natürlich wurde die Satteltasche zuvor bestens mit Proviant für die Reise gefüllt!

Pferd

1_ Schleifen Sie das Pferd an und behandeln Sie es mit Holzschutzgrund vor. Nach dem Zwischenschliff lackieren Sie das Holz mit weißem Acryllack und lassen Sie diesen sehr gut trocknen.

2_ Wählen Sie ein Serviettenmuster aus. Bekleben Sie entsprechend der Grundtechnik (Seite 14) die Kufen des Pferds. Nachdem alles gut getrocknet ist, schleifen Sie die Holzkanten für den gewünschten Shabby-Look an.

3_ Abschließend lackieren Sie den Stuhl mit einem Klarlack für den Außenbereich.

Sattel

1_ Schneiden Sie sich für den Sattel eine ovale Schablone aus Pappe zurecht, passend zu der Größe des Schaukelpferds. Nach dieser Schablone schneiden Sie zwei Mal Stoff mit 3 cm Nahtzugabe zu, sodass Sie zwei Sattelstücke erhalten. Zusätzlich schneiden Sie für die Füllung ein 0,5 cm starkes Vlies auf das Schablonenmaß zu.

2_ Nun schneiden Sie eine kleine Satteltasche in passender Größe zu. Verwenden Sie hierfür Stoff mit einem anderem Muster. Versäumen Sie Ihre kleine Tasche umseitig. Dann stecken Sie die Tasche mit Stecknadeln auf der rechten Seite eines Sattelstücks fest und nähen Sie diese mit der Nähmaschine auf.

3_ Legen Sie die zwei Sattelstücke links auf links und steppen Sie diese mit der Maschine ab. Lassen Sie eine Öffnung für die Vliesfüllung. Dann drehen Sie Ihren Sattel auf rechts, schieben die Füllung in den Sattel und nähen die Öffnung sauber per Hand zu. Ganz zum Schluss nähen Sie die Borte auf die Stoffränder auf.

Material

Für das Pferd
- Holzpferd
- Schleifpapier
- Holzschutzgrund
- Acryllack, weiß
- Flachpinsel
- Lackrolle
- Lackwanne
- Servietten
- Serviettenkleber
- Kleiner Flachpinsel
- Schere
- Klarlack

Für den Sattel
- Pappe für Schablone
- Stift
- Stoff
- Stoffschere
- Vlies, 0,5 cm Stärke
- Nähmaschine
- Nadel und Faden
- Borte

Liebevoll umgarnt

Stricken, häkeln, wickeln…
Ob für Stühle, Windlichter oder Girlanden –
das ist Guerilla Knitting im eigenen Garten!

Kissenschlacht

Hier geht's ganz schön bunt zu! Ob Omas Tischdecke, alte Bettbezüge,
Wachstuch oder Leinen – es lässt sich fast alles zu einem Kissen verarbeiten.
Kissenverzierungen mit Spitze, Jute, Textildruck oder Serviettentechnik machen
Ihre Kissen zu den Stars im Garten!

1_ Im Grunde ist ein Kissen mit nur 3 Nähten genäht. Bestimmen Sie zuerst die
Kissengröße, beispielsweise 40 × 40 cm. Für den Stoffzuschnitt nehmen Sie
das gewünschte Maß doppelt zuzüglich 2 cm Nahtzugabe, für dieses Beispiel
wird der gebügelte Stoff also auf 42 × 84 cm zugeschnitten.

2_ Nun geht es ans Verzieren. Sämtliche Applikationen und Muster werden noch
vor dem Zusammennähen auf die Kissenvorderseite aufgebracht. Nähen
Sie nach Belieben Borten, Zierstoffe und Spitzen auf oder bedrucken Sie die
Kissenhülle mit Textilfolie. Natürlich können Sie auch auf die Serviettentechnik
zurückgreifen oder mit Textilfarbe Schablonieren. Holen Sie sich Anregungen
in den Grundtechniken (Seite 14–18).

3_ Nun falten Sie die Stoffbahn mittig auf links. Steppen Sie mit der Nähmaschine
die drei offenen Seiten ab, belassen Sie dabei aber auf einer der Seiten eine
Öffnung von gut 10 cm zum Wenden.

4_ Wenden Sie nun die Kissenhülle auf rechts und befüllen Sie diese mit Füllwatte.
Abschließend nähen Sie die Wendeöffnung mit der Hand zu.

Material

Für das Kissen
- Stoff
- Maßband
- Schere
- Bügeleisen
- Nähmaschine
- Füllwatte
- Nadel und Faden

Für die Verzierung

nach Belieben:
- Stoffreste
- Spitze
- Borte
- Textilfolie
- Servietten
- Serviettenkleber
- Textilfarbe und Schablone
- Nadel und Faden

Spitzenkörbchen

Diese Körbchen sind absolut spitze und ein dekorativer Allrounder auf Ihrem nostalgischen Gartentisch.

Material
- Spitzendeckchen oder -stoff
- Schere
- Schüssel
- Dessertschale
- Butter oder Backspray
- Stoffsteif
- Pinsel

1_ Wählen Sie ein altes Spitzendeckchen oder einen Spitzenstoff aus. Entscheiden Sie sich (wie hier) für einen Spitzenstoff, schneiden Sie diesen rund zu. Als Schablone dient dabei eine Schüssel (hier mit einem Durchmesser von 25 cm).

2_ Nehmen Sie nun eine Dessertschale als Form. Diese kann aus Plastik oder Porzellan sein. Wichtig: Streichen oder besprühen Sie Ihre Form mit einem Trennmittel, da der Spitzenstoff ansonsten nach dem Trocknen fest auf dem Untergrund haftet. Als Trennmittel dient Butter oder auch Backspray.

3_ Nachdem Sie die Form eingefettet haben, bestreichen Sie Ihren Spitzenstoff satt mit Stoffsteif. Legen Sie nun den Stoff um die Form und drücken ihn an. Die Falten am oberen Rand modellieren Sie mit einem Pinselstiel noch etwas aus.

4_ Nun lassen Sie Ihren Stoff entsprechend der Herstellerangabe trocknen und lösen dann das Körbchen vorsichtig von der Form.

Tipp Mögen Sie es gerne sehr romantisch und verspielt? Dann können Sie zusätzlich ein Schleifenband durch das Spitzenmuster am oberen Rand des Körbchens ziehen.

Windlicht

Eine einleuchtende Idee, die einfach und schnell umgesetzt ist!

1_ Entfernen Sie den alten Stoff sorgfältig vom Lampenschirm.

2_ Reißen Sie aus einem Stück Baumwollstoff etwa 2 cm breite Stoffstreifen.

3_ Nun knoten Sie den ersten Streifen an das Schirmgestell und umwickeln damit sehr stramm die Gitterstäbe. Das Ende des Stoffstreifens fixieren Sie mit Sekundenkleber. So fahren Sie fort, bis alle Stäbe umwickelt sind.

4_ Abschließend binden Sie nach Belieben Organzaband kreisförmig um den kompletten Lampenschirm. Setzen Sie den verzierten Schirm auf ein schmales Windlicht aus Glas.

Material
- Lampenschirm
- Schere
- Baumwollstoff
- Sekundenkleber
- Organzaband

Tipp

Sie haben schon zu viele Windlichter für Haus und Garten? Der Lampenschirm sieht auch als Fuß für ein Tablett originell aus (wie auf Seite 100 zu sehen).

Kerzenvoliere

Dieser schmucke Vogelkäfig bringt romantisches Flair in windstille Eckchen. Die perfekte Beleuchtung für laue Sommernächte im Garten.

1_ Reißen Sie aus einem Stück Baumwollstoff etwa 2 cm breite Stoffstreifen.

2_ Knoten Sie den ersten Streifen an einem Gitterstab des Vogelkäfigs fest und umwickeln Sie sehr stramm die Stäbe. Das Ende des Stoffstreifens fixieren Sie mit Sekundenkleber. So fahren Sie fort, bis alle Stäbe umwickelt sind.

3_ Setzen Sie dicke Stumpenkerzen in den Käfig und hängen Sie ihn an einer Astgabel auf. Falls es keine Aufhängung am Käfig geben sollte, können Sie sich mit einer feingliedrigen Kette, dickem Metalldraht oder auch einem Kleiderbügel behelfen.

Material
- Vogelkäfig
- Baumwollstoff
- Schere
- Sekundenkleber
- Kerzen

Tipp

Statt Kerzen fühlen sich auch Blumen in der Voliere sehr wohl. Kombinieren Sie dabei am besten Glasväschen in verschiedenen Größen.

Hängevase

Blumen dürfen auch mal am Haken pendeln und so die kleinsten Ecken schmücken! Eine besonders gute Figur macht die Hängevase natürlich an der selbstgemachten Zaunwand (Anleitung auf Seite 30) …

1_ Reißen Sie aus einem Stück gemusterten Baumwollstoff einen etwa 5 cm breiten Stoffstreifen.

2_ Bestreichen Sie den Stoffstreifen mit Stoffsteif und legen Sie ihn sorgfältig und möglichst faltenfrei um eine kleine Vase oder ein Windlicht.

3_ Lassen Sie den Stoff entsprechend der Herstellerangabe trocknen. Nun können Sie noch mit einem Stück Silberdraht eine Aufhängung anbringen und die Vase mit Blumen bestücken.

Tipp

Sie können sämtliche Untergründe mit dieser Technik bekleben – Töpfe, Möbel, kleine Fliesen als Untersetzer und, und, und …

Material
- Windlicht oder Minivase
- Schere
- Baumwollstoff
- Stoffsteif
- Silberdraht

Teeservice

Jetzt bekommt Ihr Teeservice ein Jäckchen verpasst! Das ist praktisch, stylish und absolut zeitgemäß.

Teeglaswärmer

28 Maschen anschlagen, auf das Nadelspiel verteilen und zur Runde schließen.

Rd 1: alle M li

Rd 2: alle M re

Rd 3: alle M li

Rd 4: * 2 M re zus str, 1 U, 2 M re *, von * bis * bis zum Ende der Rd wiederholen

Rd 5: alle M re, bis noch 1 M übrig ist

Rd 6: Die letzte M der vorherigen Rd mit der 1 M dieser Rd re zus str, 1 U, 2 M re, * 2 M re zus str, 1 U, 2 M re *, von * bis * bis zum Ende der Rd wiederholen. (Der Rundenanfang verschiebt sich damit um eine Masche nach rechts.)

Rd 5 und 6 wiederholen, bis die gewünschte Höhe des Strickstücks erreicht ist (hier 5 cm).

Abschlussrand

Rd 7: alle M re

Rd 8: alle M li

Rd 9: alle M re

Rd 10: alle M li

Alle M re abketten. Dann Fäden vernähen.

Material

- weißes Garn in Sockenstärke (hier: ONline Supersocke 100 Cotton Stretch)
- passendes Nadelspiel (hier: Stricknadeln mit 2,5 mm Stärke)

Hinweis

Teekannen- und Teeglaswärmer werden individuell an die Maße der Objekte angepasst. Die individuelle Breite und Höhe der Strickstücke kann daher abweichen. Die vorliegende Anleitung ist für eine Teekanne mit 27 cm Umfang und Teegläser mit 8 cm Umfang geeignet.

Abkürzungen

R	= Reihe
Rd	= Runde
M	= Masche
re	= rechts
li	= links
U	= Umschlag
re zus str	= rechts zusammenstricken

Teekannenwärmer

Der Teekannenwärmer wird in Reihen gearbeitet. Zuerst 76 Maschen anschlagen.

R 1–5:   re

R 6:   6 M re, * 2 M re zus str, 1 U, 2 M re *, von * bis * noch 3-mal wiederholen,
         4 M abketten, 4 M re, von * bis * wiederholen, enden mit 6 M re

Das Strickstück wird nun in zwei Teilen fortgeführt (wegen Ausgießer-Öffnung).

Teil A

R 7 (Rückreihe): 6 M re, alle M li, bis noch 2 M auf der Nadel sind, 2 M re

R 8:   3 M re, * 2 M re zus str, 1 U, 2 M re *, von * bis * wiederholen, enden mit 7 M re

R 9:   wie R 7

R 10:   2 M re, * 2 M re zus str, 1 U, 2 M re *, von * bis * wiederholen, enden mit 2 M
         zus str, 1 U, 6 M re

R 11:   wie R 7

R 12:   5 M re, * 2 M re zus str, 1 U, 2 M re *, von * bis * wiederholen, enden mit 2 M
         zus str, 1 U, 7 M re

R 13:   wie R 7

R 14:   4 M re, * 2 M re zus str, 1 U, 2 M re *, von * bis * wiederholen, enden mit 6 M re

R 15:   wie R 7

Faden abschneiden, den zweiten Teil mit einer Rückreihe beginnen.

Teil B

R 7 (Rückreihe): 2 M re, alle M li, bis noch 6 M auf der Nadel sind, 6 M re

R 8:   9 M re, * 2 M re zus str, 1 U, 2 M re *, von * bis * wiederholen, enden mit 2 M
         zus str, 1 U, 3 M re

R 9:   wie R 7

R 10:   8 M re, * 2 M re zus str, 1 U, 2 M re *, von * bis * wiederholen, enden mit 2 M re

R 11:   wie R 7

R 12:   7 M re, * 2 M re zus str, 1 U, 2 M re *, von * bis * wiederholen, enden mit 3 M re

R 13:   wie R 7

R 14:   6 M re, * 2 M re zus str, 1 U, 2 M re *, von * bis * wiederholen, enden mit 4 M re

R 15:   wie R 7

In der folgenden Hinreihe werden beide Teile wieder zusammengefügt.

R 16: 9 M re, * 2 M re zus str, 1 U, 2 M re *, von * bis * wiederholen, bis noch 1 M
übrig ist, 1 M re, 4 M neu anschlagen, 3 M re, * 2 M re zus str, 1 U, 2 M re *, von
* bis * wiederholen, enden mit 7 M re

R 17 (Rückreihe): 6 M re, li stricken, enden mit 6 M re

R 18: 8 M re, * 2 M re zus str, 1 U, 2 M re *, von * bis * wiederholen, enden mit 8 M re

R 19: wie R 17

R 20: 7 M re, * 2 M re zus str, 1 U, 2 M re *, von * bis * wiederholen, enden mit 2 M re
zus str, 1 U, 7 M re

R 21: wie R 17

R 22: 6 M re, * 2 M re zus str, 1 U, 2 M re *, von * bis * wiederholen, enden mit 6 M re

R 23: wie R 17

R 24: 9 M re, * 2 M re zus str, 1 U, 2 M re *, von * bis * wiederholen, enden mit 7 M re

R 25: wie R 17

R 26: 8 M re, * 2 M re zus str, 1 U, 2 M re *, von * bis * wiederholen, enden mit 8 M re

R 27: wie R 17

R 28–32: alle M re

R 33: alle M re abketten

Fertigstellung

Fäden vernähen. Den Teekannenwärmer um die Kanne legen und nach Wunsch mit
Bändern oder Knöpfen schließen.

	Hinr.: re. M., Rückr. li. M.
·	Hinr.: li. M., Rückr. re. M.
/	2 M. re. zus. str.
U	Umschlag
X	1 M. abketten
o	1 M. neu anschlagen
▓	keine M.

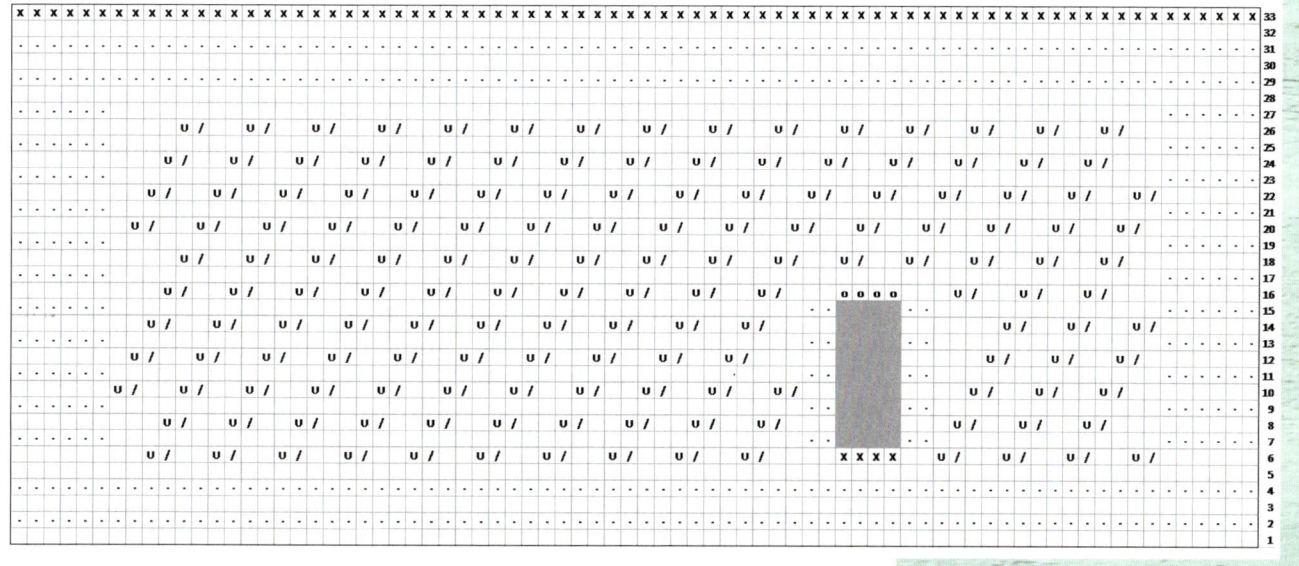

Wickelstuhl

Auch ihr Küchenstuhl braucht mal eine frische Sommergarderobe! Mit etwas Farbe und Stoffresten kann er sich wieder im Garten präsentieren.

1_ Schleifen Sie den Stuhl an und behandeln Sie ihn mit Holzschutzgrund vor.

2_ Nach dem Zwischenschliff tragen Sie die erste Schicht weißen Acryllack auf und lassen diese gut trocknen. Dann streichen Sie die Stäbe der Rückenlehne und die Stuhlbeine mit grünem Lack an und lassen das Ganze ebenfalls sorgfältig trocknen.

3_ Nun erhalten die Stäbe, die Sitzfläche und die Lehnen mit weißer Abtönfarbe einen zweiten Anstrich. Ich gebe oft gern noch einen Hauch Pink in die weiße Farbe, probieren Sie es mal aus! Nach der Trockenzeit schleifen Sie die weiße Abtönfarbe nach Geschmack ab. Um einen intensiven Shabby-Look herauszuarbeiten, schleifen Sie stellenweise großzügig bis auf das Holz durch.

4_ Schablonieren Sie auf die Lehne und die Sitzfläche ein Ornament in grün entsprechend der Grundanleitung (Seite 16/17).

5_ Geben Sie dem Stuhl einen sorgfältigen Abschlussanstrich mit Klarlack für den Außenbereich.

6_ Reißen Sie Stoffreste in 1 cm breite Streifen. Knoten Sie den ersten Streifen um einen Stab der Rückenlehne und wickeln Sie ihn sehr stramm weiter um den Stab. Das Ende des Stoffstreifens fixieren Sie mit einem Tropfen Heißkleber oder Sekundenkleber. So fahren Sie fort, bis alle Stäbe umwickelt sind.

Material

- Stuhl
- Schleifpapier
- Holzschutzgrund
- Lackrolle
- Lackwanne
- Flachpinsel
- Acryllack, weiß
- Lack, grün
- Abtönfarbe, weiß und pink
- Schablone
- Schablonierpinsel
- Klarlack
- Stoffreste
- Schere
- Heißklebepistole oder Sekundenkleber

Wimpelkette

Zu jedem Fest ein Highlight – oder einfach weil's Laune macht. Wer gerne die Nadeln schwingt, braucht keinen Anlass für diese süße Gartendeko!

Anleitung

25 Maschen anschlagen

R 1–4: alle M re

R 5:   1 M re, 2 M re zus str, alle weiteren M re

R 6:   wie R 5

R 7–9: alle M re

R 5–9 wiederholen, bis noch 3 M übrig sind.

3 M re zus str, den Faden abschneiden und durch die letzte M ziehen.

Nach dieser Anleitung die gewünschte Anzahl Wimpel in verschiedenen Farben stricken.

Fertigstellung

Mit der Häkelnadel 50 Luftmaschen häkeln, dann * in jede Anschlagmasche eines Wimpels 1 fe M häkeln. Ab * wiederholen, bis alle Wimpel verbunden sind. Mit 50 Luftmaschen enden. Den Faden abschneiden und durch die letzte M ziehen. Fäden vernähen.

Material

- bunte Garnreste
  (hier: ONline Linie
  10 Supersocke 8-fach)
- passende Strick- und Häkelnadeln
  (hier: Stricknadeln mit 3,0 mm und
  Häkelnadel mit 3,5 mm Stärke)

Abkürzungen

R	= Reihe
M	= Masche
re	= rechts
re zus str	= rechts zusammenstricken
fe M	= feste Masche

Baldachin

Vorhang auf! Hier kommt ein wunderbarer Schattenspender für Ihre Märchenbühne. So darf der Sommer ewig dauern …

1_ Sägen Sie den Hula-Hoop-Reifen auf und messen Sie die Länge des Reifens.

2_ Nun bereiten Sie die Ummantelung für den Reifen vor. Schneiden Sie eine 24 cm breite Stoffbahn auf die Länge des Reifens plus 5 cm zu. Falten Sie die Stoffbahn der Breite nach mittig auf 12 cm und steppen Sie die Kanten mit der Nähmaschine zusammen, sodass Sie einen langen Stoffschlauch erhalten. Dann wenden Sie den Schlauch und bügeln ihn glatt.

3_ Nähen Sie nun die Spitzenborte auf den Stoffschlauch. Lassen Sie oberhalb der Borte mindestens 5 cm Platz, um dort nachher den Reifen einziehen zu können.

4_ Bereiten Sie nun die herunterhängenden Stoffbahnen für den Baldachin vor. Sie sind 90 cm breit, die Länge und die Anzahl sind frei wählbar. Schneiden Sie Ihre Bahnen in der gewünschten Länge zu. Je mehr Stoffbahnen es sind, umso fülliger wird der Baldachin. Versäumen Sie jeweils das obere und untere Ende der Stoffbahnen mit der Nähmaschine.

5_ Steppen Sie nun die Stoffbahnen mit der Nähmaschine von hinten auf den bereits angefertigten Stoffschlauch, und zwar auf Höhe der Spitzenbordüre. Ziehen Sie anschließend den Schlauch als Ummantelung über den aufgeschnittenen Reifen. Dann nähen Sie die Schlauchenden mit der Hand zusammen.

6_ Abschließend schneiden Sie als Aufhängung für den Baldachin mindestens 3 feste Bänder in der gewünschten Länge zu. Heften Sie diese von innen mit der Hand an den Stoff und knoten Sie sie dann zu einem Strang.

Tipp

Feine Gaze oder Organza sind für die langen Stoffbahnen des Baldachins ideal. Für die Ummantelung des Reifens eignet sich ein fester Baumwollstoff.

Material

• Hula-Hoop-Reifen
• Stichsäge
• Metermaß
• Baumwollstoff
• Schere
• Nähmaschine
• Bügeleisen
• Spitzenborte
• Leichter Stoff, z.B. Gaze
• Nadel und Faden
• Feste Bänder

Alle Ideen auf einen Blick

Adressen, die Ihnen weiterhelfen

Rayhers Hobbykunst
Rayher Hobby GmbH
Fockestraße 15
88471 Laupheim
www.rayher-hobby.de
Dekorbeschlag, Découpagekleber,
Füllwatte, Gewürzkiste, Pinsel, Patio Paint
Farben, Perlen, Schablonen, Serviettenkleber, Stoffsteif, Spitzenbänder, Textil-
transferfolien, Krakeliermedium, Stoff-
medium, 3-D-Liner, 3-D-Lack,

Wächter Gartencenter
An der Brandshütte 1
40699 Erkrath
www.waechter-gartencenter.de
Blumen, Blumenerde, Dränage, Kiesel,
Kräuter, Moos, Sukkulenten
Blumentöpfe, Dekorationen

Butlers
www.butlers.de
diverse Dekoration, Geschirr,
Kochbücher, Möbelknöpfe

Baumarkt
Abtönfarbe, Acryllack, Akkuschrauber,
Antikbeize, Cutter, Dachlatten, Drahtbürste,
FITA-Bretter, Flachpinsel, Handtacker,
Holzbohrer, Holzschutzgrund, Heißkleber,
Industrierollen, Klarlack, Kleister, Lackrolle,
Lackwanne, Lochband, Leimholzplatte,
MDF-Platten, Maschendraht, Malerkrepp,
Metalllacke, Rundpinsel, Schleifpapier,
Schrauben, Schraubendreher, Seil,
Seilklemmen, Seitenschneider, Stift-
nägel, S-Haken, Sekundenkleber, Tacker-
klammern, Teichfolie, Teichvlies

Sonstiges
www.limetrees.de
Stoffe & Wachstuch

www.servietten-shop-diana.de
Servietten

www.lauraashley.com
www.pipstudio.com
Tapeten

Palettenhandel
Paletten

Bauernhof
Obstkisten

Weinhandel
Weinkisten

Möbel und Accessoires
Trödelmärkte, Sperrmüll,
Kleinanzeigen, Ikea

Requisiten
www.dierequisite.de

Konzept, Styling und Umsetzung
Tanja Kosub
www.atelierwerk.de

Assistenten
Louisa Boeszoermeny

Danksagung

Ein ganz besonderes Dankeschön
gilt Waltraut Kosub, Gisela Schneider,
Juliane Daum und Verena Etzkorn.
Der BLV Buchverlag und die Autorin
danken den folgenden Kooperations-
partnern herzlich für Ihre Unterstützung:

Über die Autorin

Die perfekte Gestaltung auf den Punkt für den auslösenden Moment der Kamera – das ist die Passion von **Tanja Kosub**. Mit ihrer langjährigen Erfahrung im visuellen Marketing steht die Stylistin und Autorin für treffende Konzeptentwicklungen und Kompositionen, von der ersten Idee über die Projektplanung und die handwerkliche Umsetzung bis hin zur Arbeit am Set. Fotografen und Unternehmen aus der Design-, Werbe- und Medienwelt vertrauen daher gerne auf die frische Kreativität der erfahrenen Düsseldorferin. In ihrer eigenen Werkstatt verwandelt sie Flohmarktfunde in echte Lieblingsstücke.

Weitere Infos unter: www.atelierwerk.de

Rafael Pranschke ist nicht nur professioneller Koch und Küchenmeister, seit Ende der 1990er-Jahre begeistert er auch als Foodstylist und Fotograf die Werbe- und Verlagswelt. Ob draußen in natürlicher Umgebung oder im eigenen Tageslichtstudio, ob kulinarische Köstlichkeit oder kreative Deko-Idee – er setzt seine Motive mit großem fotografischem Gespür optimal in Szene!

Weitere Infos unter: www.foodatelier.de

Impressum

**Bibliografische Information
der Deutschen Nationalbibliothek**

Die Deutsche Nationalbibliothek verzeichnet diese Publikation in der Deutschen Nationalbibliografie; detaillierte bibliografische Daten sind im Internet über http://dnb.d-nb.de abrufbar.

BLV Buchverlag
GmbH & Co. KG

80797 München

© 2013 BLV Buchverlag GmbH & Co. KG, München

Umschlagkonzeption: Kochan & Partner, München
Umschlagfotos: Rafael Pranschke
Alle Bilder von Rafael Pranschke, außer Kathrin Gissmann (www.kathringissmann.de): S. 7, S. 127 o.

Lektorat: Sandra-Mareike Kreß
Herstellung: Ruth Bost
Layoutkonzept Innenteil: griesbeckdesign, München
Satz: Uhl + Massopust, Aalen

Gedruckt auf chlorfrei gebleichtem Papier

Printed in Germany
ISBN 978-3-8354-1185-2

Hinweis
Das vorliegende Buch wurde sorgfältig erarbeitet. Dennoch erfolgen alle Angaben ohne Gewähr. Weder Autoren noch Verlag können für eventuelle Nachteile oder Schäden, die aus den im Buch vorgestellten Informationen resultieren, eine Haftung übernehmen.

Sehnsuchtsgärten und Lieblingsplätze: Inspiration, Planung und Gestaltung

Stefanie Syren/Fotos: Elke Borkowski
Landhaus-Gärten
Inspiration und Praxis mit traumhaften Fotos · Planung, Farbkonzepte, Stil und Materialien · Typische Gestaltungselemente: Wege, Zäune, Beete, Sitzplätze, Möbel, Licht, Dekorationen und vieles mehr · Die Pflanzen – von Blumen bis Gemüse · Extra: Reportagen über moderne Landhausgärten und ihre Besitzer.
ISBN 978-3-8354-1118-0

www.blv.de